野球に憑かれた男

岡　邦行　著

報知新聞社

野球に憑かれた男

もくじ

写真・佐々木 強

序章「奇策」

カレンダーは10月。欅《けやき》の葉叢《はむら》を縫ってこぼれる秋の陽光はやわらかい。もうすぐ神宮の杜《もり》は紅葉につつまれる。風に落葉が舞う。

10月21日、前日の雨もすっかりあがり、天候に恵まれたこの日の朝9時すぎ。川崎市の自宅を車で出た日本大学野球部監督の鈴木博識《ひろし》が、明治神宮野球場に着いたのは、11時30分ちょうどだった。球場正面玄関前に立った鈴木は、背筋を伸ばし、一礼した。そして、マネージャーとともに一塁側ロッカールームに急いだ。

平成11年、東都大学野球秋季1部リーグ戦の第7週。この日の日本大学は、亜細亜大学との第2戦目を迎えていた。第1戦目に先勝した日大は、通算6勝5敗。すでに最下位は逸れ、4位以内を確保。2部リーグの優勝チームとの入れ替え戦の心配もなかった。余裕もあった。ユニホームに着替えた鈴木は、ひとりで約40分間ほど神宮の杜を走った。

試合開始予定時刻は午後1時30分。その1時間前の12時30分から鈴木は、ロッカールームで選手を前にミーティングを開いた。私も同席した。厳しく指示を与えるいつものミーティングとは違った。この日の監督鈴木の表情は、和んでいた。選手ひとりひとりに視線を送りながら、静かに口を開いた。

「……きょうの試合に勝てば、4年生選手にとっては最後の試合になるよな。監督である私とコーチの五十嵐（康朗《やすお》）は、4年前に4年生と一緒に日大に入ってきた。始めの2年間は2部リーグを経験した。いまではいい思い出になってしまったが、苦しかったよな。1日も早く1部に上がって、この神宮球場でプレーしたかった。それで3年目に1部に昇格することができた。この神宮球場で試合をやった……。

あのな、この学生野球の〝聖地〟といわれる神宮球場で、野球ができるのは、たったの12校しかない。全日本大学野球連盟に加盟しているのは、343校だ。そのうちの12校だけだ、毎シーズン神宮でリーグ戦をやれるのは。東京六大学と東都の1部チーム6校だけだよな。誇りを持て。このことは、自慢してもいいんだぞ……。

2年間、この神宮で春と秋のリーグ戦を4シーズン戦った。しかし、残念ながら今回も優勝までは届かなかった……。とくに4年生は、悔しさを感じていると思う。監督も、コーチの五十嵐も同じだ。この悔しさを、後輩はきちんと受け継ぐことだぞ。きょうのミーティングはこれだけだ。最後だけは、悔いの残らない野球をやろう……」

監督鈴木の言葉にベンチ入りする25人の選手たちは、深く頷いた。

ミーティング後、鈴木と私は雑談を交わした。1時21分、マネージャーが第1試合の中央大学対駒沢大学の試合終了を告げにきた。鈴木は、拳をつくり、低い声で「よし」といった。立ち上がった。ベンチに向かおうとする鈴木に、私はいつもの科白《せりふ》を口にした。切り口上にいった。

「〝鈴木野球〟を期待しています」

そういう私に鈴木は、一瞬、白い歯を見せて苦笑した。が、試合前に見せるいつもの顔に戻った。眼光は鋭い。背番号50のユニホームを着て、顎を突き出し、口をとがらせている。

私は、そんな鈴木を見るたびに、あの日を思い出す。初めて〝鈴木野球〟を目にした日だ。鈴木が、神奈川県の日大藤沢高校の監督をしているときだ。10年前の夏――。

ついに実戦であれをやるんだ

平成元年夏。7月31日は、終日、湿気がきつく、じっとりと汗ばむ不快な日だった。

横浜市のJR関内駅から私は、横浜スタジアムへと一気に走った。三塁側ベンチ裏に着いたのは、試合開始直前だった。鈴木に一言だけ声をかけたかった。

「鈴木さん、とうとうここまできましたね。鈴木さんの野球を思いきりやってください」

そういう私に同年代の鈴木は、強い視線を向けていった。

「相手は横浜です。渡辺さんの横浜です。当って砕けろ、です。チームがどの程度戦えるか、手応えを感じれば御の字です」

通称夏の甲子園大会、第71回全国高校野球選手権大会。202校参加の全国最激戦地といわれる神奈川県決勝戦は、第1シード校の横浜高と、ノーシード校ながら勝ち上がってきた日大藤沢高との対戦となった。当然のごとく、下馬評では圧倒的に横浜高有利だった。しかし、鈴木率いる日大藤沢高に勝算がなかったわけではない。

神奈川県大会が開幕する10日ほど前、7月初旬だった。まず鈴木は、地元の藤沢北高を招待。日大藤沢高グラウンドでオープン戦を組んだ。もちろん、大会に向けての調整のためのオープン戦だったが、鈴木にはある狙いがあった。

その狙いとは、何度となく練習で試してきた〝5人内野シフト〟を実戦でやることであり、勝敗は度外視していた。試合前に鈴木は、選手を前にいっていた。ピンチになった際は、〝5人内野シフト〟をやってみようじゃないか、と。そういう監督の鈴木に対して選手たちは「ついに実戦であれをやるんだ」といって、歓喜の声をあげていた。

藤沢北高とのオープン戦。8回表にノーアウト二、三塁のピンチがやってきた。鈴木は、決断した。レフトを守る主将の榎本一彦を投手の真横、三塁手とショートの中間に守備位置をとらせたのだ。〝5人内野シフト〟を敷くと、藤沢北高の監督や選手たちは、一様に驚きの顔を見せた。当然、レフト方向に打たれたら万事休す、だからだ。

結果は、藤沢北高の打者が、戸惑いながらも強振。打球はレフト方向にとんでいった。二塁と三塁のランナーがホームインした。逆転された。しかし、鈴木も選手たちも納得顔でいたのだ。

藤沢北高とのオープン戦終了後、鈴木は、選手を前にミーティングを開いた。口角泡をとばさんばかりに力説した。

「きょう、初めて実戦でやった〝5人内野シフト〟は、藤沢北高の選手もびっくりしていたように、たしかに相手にとっては奇策だよな。でもな、日藤《にちふじ》にとっては奇策じゃない。練習でやってきたんだからな。とにかく、あれを成功させるには、3つの絶対条件が必要なんだ。ひとつはマウンドの投手が、スピードボールを低目に投げる。ふたつめは、さらに三振を取りにいく。みっつめは、ゴロを打たせる。以上が3つの絶対条件だ。外野に打たれたら万事休す。『ゴメンナサイ』なんだ」

ここで鈴木は、一呼吸してつづけた。

「きょう、監督のオレは、あれをやるときに高石順に続投させた。高石は、カーブのキレがいいし、コントロールも抜群なんだが、けっして速球派じゃないよな。しかし、オレは投げさせた。つまり、スピードボールを投げることができないと、簡単に外野やレフト方向に打たれるっていうことなんだぞ。実際に、そうなってしまったよな。それをわかって欲しかったんだ。あそこでな、速球を投げることができる河野《かわの》（亮、現楽天職員）に投げさせていたら、打者を三振か内野ゴロでもってゲッツー、もしくは本塁封殺で、あれが成功していたかもしれないんだ。わかったか……」

そういう鈴木にセンターを守っていた河野が、おどけるようにいってきた。

「監督、あそこで投げられるのはオレしかいないですよ。140キロ台の速球で三振を奪ってやりますよ」

選手全員が河野の強気発言に笑った。

さらに鈴木は、藤沢北高とのオープン戦の3日後、神奈川県大会が開幕する1週間前だった。当時の野球部長をしていた横浜高の渡辺元智《もとのり》（当時は元《はじめ》）に頭を下げ、大会に向けての最後のオープン戦を申し込んだ。渡辺は、快く承諾した。

オープン戦の結果は、日大藤沢高の惨敗だった。試合後に鈴木は、再び渡辺に頭を下げていった。

「渡辺さん、お願いがあります。名門横浜高が、どのような姿勢で夏の大会に臨むのか、どのように選手を鍛えているのか教えてください。日藤の選手に檄をお願いします」

渡辺は、これまた気軽に鈴木の申し出を受けた。なんと小一時間にわたって檄をとばしてくれた。そして、日大藤沢高の選手を前にこう締めくくった。

「いいか、夏の大会は、体力と気力が勝敗を分けるんだ。おまえたち選手が頑張れば、決勝でウチと対戦できる。わかったか。試合は最後まで諦めるな」

実は、3日前の藤沢北高とのオープン戦同様に監督鈴木にとって、試合の結果はどうでもよかった。オープン戦を組んだ監督としての狙いは、渡辺の檄だったのだ……。

午後1時。日大藤沢高対横浜高の決勝戦を告げるサイレンが響き渡った。鈴木に挨拶した私は、横浜スタジアムのネット裏観客席に向かった。

初回から試合は動いた。先攻の日大藤沢高は、横浜高のエース恵津《えづ》豊（現東芝）に容赦なく襲いかかった。前日の準決勝まで変化球でかわすピッチングをしていた恵津だったが、立ち上がりからコントロールに苦しんでいた。ヒット3本を見舞われ、3つのフォアボールを許していた。暴投まで出した。

一挙に4点奪取。試合開始と同時に日大藤沢高は下馬評を覆し、試合の主導権を握った。しかし、日大藤沢高の監督鈴木は、この試合は簡単に勝たせてもらえない、と考えていた。対戦相手の横浜高は、これまで何度となく甲子園出場を果たしている高校野球界の名門校。かたや、鈴木率いる日大藤沢高は、甲子園出場経験ナシ。容易に勝てる相手ではなかったし、鈴木には横浜高監督の上野貴士（現平塚学園監督）の采配ぶりが気になっていた。

鈴木よりも6歳年下の上野は、あの〝怪物〟江川卓が甲子園に初めて姿を現わした昭和48年春の甲子園センバツ大会で、横浜高が全国制覇したときのショート。昭和50年に横浜高卒業の際、ヤクルトにドラフト指名されるが拒否。地元神奈川県の社会人野球の名門東芝に入社し、ショートストップとして活躍していた。当時、同じ神奈川の三菱自動車川崎で投手だった鈴木とは顔見知り。上野の守備には定評があった。

1回表だった。日大藤沢高が4点目をあげた時点でワンアウト一、二塁。チャンスはつづいていた。あと2点、少なくとも1点を加えて大きくリードを広げたい、と鈴木はベンチで考えていた。当然のごとくワンアウト一、二塁の場面なら守備側の横浜高は、ゲッツー狙いの中間守備態勢を敷いてくるはずだ。これが高校野球のセオリーだ。

よほどのことをしない限り勝たせてもらえない

ところが、監督の上野は、ワンアウト一、二塁のピンチにもかかわらず、内野手を定位置で守らせてきたのだ。そのため鈴木は、打者に叩きつけるバッティングを指示した。が、上野の采配は的中したのだった。中間守備態勢なら完璧にレフト前ヒットになるはずの三遊間へのライナー性の打球だったが、定位置で守っていたショート高根沢国房（現JR東日本）が、横っとびで捕球。二塁に送球してダブルプレー。あっという間にチャンスが潰されてしまった。

そんな上野の采配を見た鈴木は、よほどのことをしない限り勝たせてもらえないな、と考えた。

一方、一塁側の横浜高ベンチ。渡辺部長の教え子である監督就任2年目の上野は、初回の日大藤沢高の攻撃に苛立っていた。三菱自動車川崎時代の鈴木は、いやというほど打者の心理を読んで投球する投手だった。

鈴木監督は、何を仕掛けてくるかわかんないな、簡単には勝たせてもらえないぞ――。鈴木同様に上野もまた、そのように考えていた。

ながい守備からようやく戻ってきたナインに円陣を組ませた上野は、叱咤激励をした。

「日藤に取られた4点は、あくまでも不幸中の幸いだと思え。野球は9回だ。1点ずつ返せばどうなる？　9対4で勝てるんだ！」

この上野の叱咤激励が功を奏した。3番原田哲、4番鈴木尚典（現横浜ベイスターズ）、5番門間真（現三菱重工横浜）のクリーンアップを擁する横浜高強力打線は2回に1点、つづく3回にも2点を返した。1点差。4回と6回に日大藤沢高は1点ずつ加えたが、横浜高の追撃は止まらなかった。5回に2点、6回に1点を加えて同点とした。

しかし、7回以降は両チームとも膠着《こうちゃく》状態となった。試合は動かない。6対6のまま延長戦に突入した。私は、ネット裏で試合を見守った。

そして、一気にクライマックスを迎えた。10回裏だ。横浜高の攻撃だったが、仕掛けたのは日大藤沢高。監督の鈴木が動いたのだ。

ワンアウトでランナーは三塁。絶体絶命のサヨナラのピンチを日大藤沢高は迎えていた。この場面で鈴木は動いたのだ。マウンドにいた河野を本来の守備位置であるセンターに戻し、センターを守る小林慶司をマウンドに送る指示を出した。いったん、小林は投手用のスパイクシューズに履き替えるため、ベンチに戻った。

このときだ。鈴木は、小林に作戦を与えた。

「慶司、満塁策だ。打者を敬遠したら、再び河野と交代だ。そして、あれをやる」

「あれですね？　教本のあれですね」

靴ひもを結びながら小林は確認してきた。

「そうだ。あれだ。〝5人内野シフト〟だ。みんなに伝えるんだ」

「わかりました」

小林は、この試合2度目のマウンドに立った。そして、投球練習後、マウンドに捕手の内海英明を呼び、監督鈴木の指示を伝えた。

「あれをやるんだな」

捕手内海は確認してきた。小林は、しっかりと深く頷いた。

指示通りに小林は、横浜高の5番と6番打者を敬遠した。ワンアウト満塁。マウンドを再び河野に譲った。

まさにそのときだ。

ネット裏にいた私は、信じられない光景を目にした。席を立った。いや、私だけではない。横浜スタジアムを埋めつくした約3万人の観客が総立ちとなった。ダイヤモンドを見た。

度肝を抜かれた。

なんと日大藤沢高のレフトを守っていた助川壮志をベンチに下げ、代わって本来は内野手である西川真司を投手河野の真横、サードとショートの中間に守備位置をとらせたのだ。

〝5人内野シフト〞だ。

観衆のだれもが息を呑んだ。日大藤沢高の〝奇策〞に驚いた。

テレビ中継をしていたのは、地元神奈川のテレビ神奈川。実況担当のベテランアナウンサーの岡村光芳は、マイクを前に驚きを隠せなかった。準々決勝や準決勝ならともかく、決勝で奇策を打ち出すとは無謀な……。そう脳裏で考えながら、半ば呆れ返るようにいった。

「これは……、言葉はよくないが、鈴木監督の大バクチです……」

岡村は、解説役の高木誠三郎に相槌《あいづち》を求めた。神奈川県高校野球連盟常任理事兼記録部長の高木は、驚きながらもいった。

「内野で守るんですかねえ……。たしか昭和38年に横浜高の笹尾(昇平)さんという監督が、甲子園でやったと記憶しています。あのときはまんまと成功しましたが……」

最も冷静な目で試合進行をしなければならない審判もまた、呆気に取られていた。審判は、日大藤沢高三塁側ベンチ前にきて監督鈴木にいった。

「監督、どうなっているんですか？　レフトの選手がいないじゃないですか？」

それに対して鈴木は、マウンドの真横にいるレフト西川を指さしていった。

「あそこにいます。グラウンドの中ではどこを守ってもいいんじゃないですか？　いいですよね」

ネット裏の私は、冷静さを取り戻すために空を見上げた。額の汗を手でぬぐった。時計を見た。午後4時。プレーボールからちょうど3時間が経過していた。

そして、マウンドに立つ河野を凝視した。河野は、横浜高の7番打者である高根沢国房を睨みつけていた。カウントは、ツーエンドツー。追い込んでの5球目を投げた。勝負球だ。コースは真ん中やや低めへの１４０キロの速球だ。満塁の走者がスタートを切った。右打者の高根沢は、強振した。

瞬間、時間が止まった。そう私は感じた。だれもが息を呑んだ……。

テレビ神奈川の実況担当アナウンサーの岡村が、沈黙を破るようにマイクを前に、大声で叫んだ。

「守った、守った日大藤沢。内野を5人にして、してやったり。大バクチがきいた。三塁手でもありません、ショートでもありません、外野手です。内野手の前にいる外野手が捕ってゲッツー……」

興奮する岡村は、一呼吸おいて、つづけた。

「これは、神奈川の高校野球史上に残る名勝負になりました。6対6のまま延長戦は11回。記録では、7－2－3のダブルプレー。めずらしい記録になりました……」

私は、三塁側ベンチを見た。鈴木は両手を広げ、戻ってくる選手を出迎えていた。一塁側ベンチを見た。横浜高監督の上野と部長の渡辺は、呆然とダイヤモンドを見ていた。

当時を振り返ってテレビ神奈川のアナウンサー岡村は、私にいった。

「あの当時の私は、高校野球だけじゃなく大学野球、社会人野球、少年野球を含めて年間約100試合も実況をしていた。しかし、大事な決勝戦であんな奇策をやったのは、あのときの日大藤沢高だけ。それも名門横浜高を相手にやった。鈴木監督の度胸のよさには驚きました。もし失敗したらどんな批判を浴びせられるかわからない。とにかく、あの試合は、生涯忘れることができません」

現在は平塚学園の監督をしている上野もいった。

「まさか、あんな奇策にでてくるとはね。それもあとで鈴木さんに聞いたら、あの変形シフトの〝5人内野シフト〟を練習していたという。まいったよ。こっちにとっては奇策でも、日藤にとってはセオリーなんだから。あの奇策がなかったら、高根沢にはバントをさせていた。カウントを考えて、一気にスクイズで試合を決めたかった……」

そして、上野はいった。

「あの奇策を決められた瞬間、負けを予感した。あれで試合の流れは日藤に行くと思った」

ところが、流れは変わらなかった。

万事休す！　だがハプニングが…

11回裏。再び日大藤沢高はサヨナラのピンチを迎えたのだ。またしてもワンアウト満塁。再度、鈴木は、あれのサインを出した。10回裏と違って横浜高の打者は左バッター。そのため鈴木は、レフト西川を投手河野の真横、ファーストとセカンドの中間に守備位置をとらせたのだ。この際も横浜スタジアムを埋めつくした約3万人の観衆は、当然のごとくどよめいた。

しかし、だ。上野の説明によると、思わぬハプニングが起こったのだ。

横浜高のサードランナーは、投手の恵津。バッターは、左の原田哲だった。監督の上野は、ここで決めなければ今度こそ流れは日藤に行くと考えた。一気に勝負を決めるため、ワンストライクのカウント後の2球目のときだった。バッターの原田とサードランナーの恵津にスクイズのサインを出した。一塁側ベンチの上野は、帽子のつばを両手で触れた。スクイズのサインだ。

が、そのときだ。三塁側ベンチを見ると、鈴木が右手を動かし、サインを出したように見えた。上野は「ヤバイ！」と感じた。バッターの原田を見た。原田は、サインを確認するために右手でヘルメットのつばに触れてきた。そこで上野は、右手で胸を二度さすった。スクイズ取り消しのサインだ。サードランナーの恵津も確認したはずだ。

マウンドの河野は、2球目の投球フォームに入った。同時にサードランナーの恵津が、ホームに突っ込んできた。嗚呼！　一塁側ベンチの上野は、溜息にも似た声を発した。呆然とした。スクイズ取り消しのサインを恵津は見逃していたのだ。

「まさに心臓が口から飛び出す心境だった」

と、後に上野は、私に語った。

万事休す。が、ここでハプニングが起こったのだ。左打席に立つ原田には、ホームベースに突っ込んでくる恵津の姿がはっきりと見える。それが奏功したのだ。とっさに出した原田のバットに河野の速球が当たった。捨て身の一打だった。スローモーションを見ている感じで、打球は無人のレフト方向に飛んだ……。

午後4時21分。横浜スタジアムに試合終了を告げるサイレンが響き渡った。6対7のサヨナラ。日大藤沢高は、ついに強豪横浜高を前に屈した。

私は、三塁側ベンチを見た。鈴木は、涙を流す選手たちの肩を叩き、労をねぎらっていた。慰めていた。一塁側ベンチを見た。歓喜する選手の後ろで、部長の渡辺は目頭を押さえていた。強気で知られる指導者の渡辺が、初めて人前で涙を見せたのだ……。

1か月後。その年の9月初めに私は、神奈川県藤沢市の小田急線六会《むつあい》駅近くにある日大藤沢高のグラウンドを訪ねた。暑さの厳しい日だった。監督の鈴木は、汗を流しながら選手を前にノックをしていた。私の姿を見つけると鈴木は、明るい表情でいってきた。

「岡さん、新チームは順調に仕上がっています。秋季大会はかなりやれると思います。期待してもいいです」

練習後、駅前の居酒屋で呑むことになった。日大で教職課程を受講しながら、鈴木の下でコーチ修業する若い五十嵐康朗《やすお》も同席した。

酒席での話題は、ひとしきり1か月前の横浜高との一戦になった。鈴木の言葉には、いたるところに忸怩《じくじ》たる思いが感じられた。

勝ちたかった、そう鈴木は何度も強調した。

「悔しさのあまり毎晩、ヤケ酒を呷《あお》ってしまった……」

「絶対、横浜の〝カベ〟をぶち抜いて甲子園に行ってやる……」

「オレは、負けたときの渡辺さんの顔を見たいんだ……」

鈴木は、ビールを一気に呑んだ。いつものことだが、野球の話になると鈴木は、一方的にしゃべりまくる。私と五十嵐は、終始、聞き役に徹した。いつしか鈴木の口調もやわらいでいた。

「……まだまだ私は、指導者として未熟なんですよね。そう痛感しました。あの横浜高戦で奇策を成功させた直後ですよ。11回表の日藤の攻撃のときでしたね。実は、私は大変なチョンボをやったんです。先頭打者の5番の佐藤（伸二）が、フォアボールで出塁した。次は6番の井上（秀克）

でね、そこで私は、送りバントのサインを出した。ところが、横浜の恵津が井上に投げた1球目が、暴投ぎみのボールだった。覚えていますか？　それを見た私は、一気に攻めてやれと思ってね。『1球待て』のサインを出して、ワンエンドワンになった。そこでバントのサインを出したら、ファウルとなって失敗した。で、送りバントのサインからヒッティングのサインに替えたんです。しかし、それが失敗した。井上は三振です。つまり、ワンボールのカウントで『1球待て』のサインを出した私の采配ミス。井上には申し訳ないことをした。指揮官が平常心を失なった……。

あの時点で恵津は、200球近く投げていたんですよ。だから、送りバントで佐藤を二塁に進めてね。じっくりと攻めればよかったんですよね。それなのにヒッティングのサインに替えた……。色気を出して一気に試合を決めようとした。岡さん、私の完璧な采配ミスで負けたんです……」

私と五十嵐は、肩を落とす鈴木を前に黙って頷いた。そして話は、あの奇策に及んだ。

「テレビで解説していた高木先生もいっていましたね。昭和38年に初めて横浜高が夏の甲子園に出たとき、当時の笹尾（昇平）監督があれをやった。それを私は、テレビ中継で見ていたんです。中学1年生のときでしたねえ。子供心に『エッ、なんなのこのシフトは？』と驚いたのを、いまでも覚えています。それでノートに図を描いて『ああ、こういった守備態勢もあるんだなあ』と思いましたね。たしかアナウンサーは、しきりに『玉砕戦法です！』といって叫んでいた。当時から私は、野球少年でしたから、ずっと頭の中にあの〝5人内野シフト〟が残っていた。それで日藤の選手に『こういった守備もあるんだぞ』って、教えていたんです。な、康朗」

鈴木は、五十嵐に同意を求めた。そして、オシボリで汗をぬぐって、つづけた。

「1か月経ったいまでも野球関係者に会うと、あの奇策が話題にされますね。あれで日藤野球部と私は、一躍、有名になりました。横浜高の渡辺さんにもいわれましたね。『あのシフトを神奈川大会でやったのは、間違いなく鈴木が初めてだ』って。でも、試合は勝たなくては意味がないんです。だから、悔しいんです……」

そういって鈴木は、トイレに立った。五十嵐が、私に囁くようにいってきた。

「私は、感じるんです。鈴木さんは、日藤野球部に伝統をつくろうとしているんです。鈴木さんの野球への情熱でわかるんです」

伝統をつくる——。伝統とは、継承していくものだと考えていた私には、五十嵐の言葉が深く脳裏に焼きついた。やはり「鈴木はただ者ではないな」と、私は感じていた。

その夜、私たちは遅くまで語り合った。

平成元年夏。しかし、あの当時の私は、まだまだ〝鈴木野球〟を理解していなかった。神髄なるものをわからずにいた。垣間見ることが出来たのは、鈴木が日本大学野球部監督に就任してからだ。

第一章「孫子」

平成10年から丸2年間、私は、時間が許す限り鈴木に会っていた。密着取材に明け暮れていた。

鈴木は、東都大学野球連盟に加盟する日大野球部監督になっていた。日大藤沢高野球部監督だった鈴木が、日大野球部監督に請われたのは、平成7年暮れだった。

その年の秋季1部リーグ戦で6位、最下位となった日大は、2部リーグ戦優勝チームの対専修大学との入れ替え戦でも敗退。2部リーグに転落した。

そんな日大野球部再建のために監督に就任した鈴木は、丸2年後の平成9年の秋季2部リーグ戦に優勝。東洋大学との入れ替え戦を勝ち抜き、1部リーグ昇格を決めていた。

高校野球出身監督が、大学野球に転身。たったの2年でチームを1部リーグに引き上げたことは、まさに異例だった。鈴木の指導力の高さの証明といってもいいだろう。

ちなみに鈴木と同時期、高校野球界で〝東北の智将〟といわれた竹田利秋も、仙台育英高監督から2部リーグの国学院大野球部監督に就任した。就任当時の竹田は「2年以内に1部に昇格。4年目で大学選手権で優勝してやる」と豪語していた。が、いまもって2部リーグから脱していないばかりか、下位を低迷している。

平成10年春。日大野球部監督として鈴木は、初めて1部リーグ戦で指揮を執っていた。私は、連日のように神宮球場や日大グラウンドに通いつめた。

そんな初夏のある日だった。練習後、東京・世田谷区にある日大野球部合宿所の監督室で雑談を交わしていたときのことだ。突然、鈴木は、私にいってきた。

「岡さん、私の指導者としての教えの基本、バイブルは『孫子』です。知っていますよね」

一瞬、私は面食らった。鈴木は、探るような目で私を見ている。ソンシ……?

「ソンシ……って、あの中国の……」

そこまで口にすると、鈴木は、私の言葉を遮った。

「そうです。中国の春秋時代ですね。2500年以上も前、孫武という兵法家が書いたといわれる兵法書の『孫子』です。あの『孫子』が、私の基本なんですよ。バイブルです。野球関係者で読んでる人は、ほとんどいないんですが、会社の経営者たちには、よく読まれています」

正直、私は『孫子』の存在は知っていたのだが、読んだことはなかった。この日、私は書店で、鈴木にすすめられた『孫子』(岩波文庫)と『孫子の兵法』(三笠書房、守屋洋著)を求めることになる。

そんな私に、鈴木は『孫子』を詳しく説明してくれた。

「岡さん、『孫子』は、現存する兵法書の中では世界最古の書といわれているんです。戦国時代のあの武田信玄が〝風林火山〟の4文字を旗印にしていましたよね。あれは『孫子』の軍争篇から拝借したものといわれています。〝疾《はや》きこと風のごとく、徐《しず》かなること林のごとく〟ですね。何人もの学者が『孫子』を訳して、『孫子の兵法』として出版しています。漫画にもなっている。戦略や戦術の書としては最高です。勉強になっています」

「鈴木野球」の芯に触れた

鈴木は、『孫子』を熱っぽく語った。そして、椅子から立ち上がった。監督室の戸棚からファイルブックを取り出し、その中からA4判の3枚の用紙をテーブルの上に広げた。私は、ワープロで打たれた用紙に視線を落とした。

《戦略・戦術の教え「孫子の兵法」から》

そうタイトルが付けられていた。椅子に座わった鈴木を、私は見た。「どうぞ」という仕草をした。3枚の用紙には14の項目が書かれてあった。

〈人を致して人に致されず〉
〈実を避けて虚を撃つ〉
〈正を以って合し、奇を以って勝つ〉
〈始め処女の如く、後には脱兎の如し〉
〈兵の形は水に象《かたど》る〉
〈勝ち易きに勝つ〉
〈部下の把握〉

〈勝利を収める為の『五条件』〉

〈『攻め』と『守り』〉

〈指揮官の陥りやすい『五つの危険』〉

……。

『孫子』と『孫子の兵法』を熟読した鈴木が、要点を本から拾いあげて、簡潔に3枚の用紙にまとめたものだった。

たとえば、〈実を避けて虚を撃つ〉という項目には、次のように記されていた。

〈敵の実（相手チームの主砲、あるいは最も調子を上げている者）と勝負を避けて、虚（弱点や不調の者）を撃つ。つまり、相手がどんなに強大でも必ず弱点があるはずだ。敵をよく研究してスキを見つけ出すことが、実戦での作戦の組み立てに役立つ〉

また、〈正を以って合し、奇を以って勝つ〉の項目には——。

〈正は、正攻法（正規部隊＝主力打者や主力投手→形を以って形にする）。奇は、奇襲戦法（遊撃部隊による側面攻撃→無形を形にする）。つまり、正攻法と奇襲戦法のふたつの作戦を組み合わせ、相手チームと対戦するときは「正」で、勝つときは「奇」によって勝利を得る。そのためには「迂《う》直《ちょく》の計」に熟達しなければならない。「迂直の計」とは、まわり道をして勝機をうかがうという意味。わざと遠まわりをして敵を安心させ、スキをつくらせること。不利を有利に変えることだ〉

始め私は、目で追うように読んでいた。が、途中から声を出さずにはいられなかった。鈴木を前にゆっくりと読んだ。

約10分……。読み終えた私は、3枚の用紙から目を離した。目の前に座る鈴木を見た。じっと見た。

これまでスポーツを題材に取材してきた私は、多くの監督やコーチと呼ばれる指導者たちに接してきた。が、まったく違うタイプの指導者が目の前にいた。世界最古の兵法書といわれる『孫子』に、自ら身をもって経験、体験した野球を融合させる。野球を徹底して追求する求道者の姿を見た。そう、まさしく求道者の名にふさわしいタイプの人間が、私の目の前にいた。

とうとうつかまえた。〝鈴木野球〟の芯《しん》に触れた――。私は、そう心の中で叫んでいた。

鈴木は私を直視していた。私の心を見透かしたようにいってきた。

「よく岡さんは、私が横浜高戦でやった〝5人内野シフト〟の奇策を話題にしますよね。あれは、まさに『孫子』の〝奇を以って勝つ〟なんです。奇襲戦法は、最後の最後、絶体絶命のときにやるものなんです。

それに神奈川県大会が開幕する10日前でしたよね。藤沢北高とのオープン戦で敗戦を覚悟して〝5人内野シフト〟を実戦でやった。あれは、選手たちに私の指導が浸透しているか見たんです。いわば『孫子』が説く〝道〟です。指導者の私と選手が一心同体かどうか確めた。

そして、3日後でしたね。横浜高の渡辺さんに頼み込んで、オープン戦をやった。あの場合は、『孫子』の兵法でいえば、まったくの邪道です。あのときの横浜高は、神奈川県の春季大会に優勝した第1シード校です。もうこてんぱんにやられることは目に見えていましたからね。〝劣勢の兵力なら退却する、勝算がなければ闘わない〟というのが『孫子』の教えです。だから、対戦しても負けるのは当然なんです。

しかし、私は、あえて強豪横浜高とのオープン戦を組んだ。何故かわかりますか？　バクチではないんです。『孫子』には、『智将は務めて敵に食《は》む』という教えもあるんです。つまり、食糧などは敵地に乗り込んでぶん捕れというね。そのぶん捕った食糧が、あのオープン戦でいえば、渡辺さんが日藤の選手の前でやってくれた檄だったんです。あの檄で日藤の選手たちは、ものすごく奮起したんですね。日藤の主力打者だった河野などはいっていましたよ。『決勝まで勝ち進んで横浜と勝負したい！』ってね。

いまでも覚えています。オープン戦が終わると同時に私は、渡辺さんのところに走って行って、頭を下げた。『お願いです。ウチの選手に5分間だけ檄を！』といった。すると渡辺さんは私と同じで、野球の話になると止まらない。1時間近く、日藤の選手を前にして、とうとうしゃべってくれた。横浜高の監督だった上野が、渡辺さんをやめさせようと、必死にユニホームの袖を引っ張っていましたね。私は、もっとしゃべれ、もっとしゃべれってね、そう思っていました」

私は、黙って鈴木の話に耳を傾けることにした。鈴木は、まさに問わず語りといった調子だった。しゃべりつづけた。

「……私は、平成7年の暮れに日藤を辞めて日大の監督になりましたよね。その日藤での最後の夏、平成7年の夏に初めて私は、夏の甲子園大会に出場した。1回戦の比叡山高戦に4対1で勝ち、2回戦で春のセンバツ優勝チームの観音寺中央高と対戦した。1回戦に勝った後にクジ引きで対戦が決まったときですよね。両チームの監督が肩を並べ、記者会見をするんです。そのときに観音寺中央の橋野純監督は、記者に『日大藤沢の印象は?』と聞かれ、答えたんです。『強豪チーム揃いの神奈川を勝ち抜いてきたチームですし、センバツ優勝チームのウチとしても気が抜けません』とね。そういったんです。

それで、次に私が、観音寺中央高の印象を聞かれた。大先輩の橋野監督を隣にしていったんですよ。『観音寺中央さんは、センバツのときにバントひとつしないで優勝した。これは、本当に強いチームだということです』と。表現は悪いんですが、まずは、橋野監督をめいっぱいヨイショしたんです。で、次にこうつづけたんですね。『しかし、私の野球にバントを否定するということはありません。バントを笑う者は、ときにバントに泣くこともありえます』とね。これも『孫子』の教えです。〝人を致して人に致されず〟に通じる。いち早く主導権を敵から奪うには、先制攻撃をかけることが大切なんです……」

「智者の慮《りょ》は必ず利害に雑《まじ》う」

鈴木は、コーヒーをすすった。タバコに火をつけた。私もそれに倣った。私は、興奮していた。

鈴木は、つづけた。

「……それで本番のときでした。3対3のまま延長戦に入った。そして、11回裏のウチの攻撃のときです。観音寺中央高は、あれをやってきましたよね。ワンアウト三塁で、日藤がサヨナラのチャンスを迎えたときに、センターの選手にサードの前で守備位置を取らせた。〝5人内野シフト〟を仕掛けてきたんです。岡さん、あのときのことを覚えていますか？」

もちろん、はっきりと私は、覚えている。テレビ中継を通じてだったが、三塁側ベンチ前から観音寺中央高の橋野監督は、メガホンを片手に叫んでいた。選手に指示を出していた。しかし、明らかに観音寺中央高の選手には戸惑いがあった。監督橋野の指示に驚いていたのだ。そんな光景を鈴木は三塁側ベンチから見て、苦笑していた。鈴木は、つづけた。

「あのとき私は、打者の小野（博道）をベンチ前に呼んで、いったんです。『小野、観音寺中央高の選手に教えてやれ』ってね、暗示の意も含めていったんです。あのときも私は、『孫子』を頭に浮かべた。『兵の形は水に象る』なんです。指揮官は選手に思いつきの奇襲攻撃をやらせては駄目なんですね。『智者の慮《りょ》は必ず利害に雑《まじ》う』ともいう。利益を考えるときは、同時に損失も計算すべき。成功を夢見るときは、失敗することも覚悟しなければならないんですね。だから、観音寺中央高は、あれに失敗した……」

結果、日大藤沢高は、その年の春のセンバツ優勝チームの観音寺中央高に4対3のサヨナラで勝った。

鈴木のしゃべりは止まらない。

「『孫子』には、〝道〟〝天〟〝地〟〝将〟〝法〟の5つの基本テーマがあるんですね。〝道〟は、大義名分を持って指揮官と選手が一心同体になること。〝天〟は、晴雨、寒暑、季節などの時間的条件。〝地〟は、敵地か、地元かのグラウンド状態などの地理的条件であり、〝将〟は、知謀、信義、仁慈、勇気、威厳などの指揮官の器量なんです。そして〝法〟は、チーム編成や選手の役割、チームの規律などです。たとえば、〝天〟についていえば、神奈川県の夏の大会の準決勝や決勝戦は横浜スタジアムでやりますよね。炎天下のためにものすごく暑いんです。炎天下の横浜スタジアムの人工芝の温度、何度になるか想像できますか？　岡さん、私は、選手に温度計で測らせたんです。そしたら、48度もあったんですよ。そんな球場で平常心で試合をやるには、体力と気力が勝負。だから、日藤の選手は、冬場に１００メートルを１００本走らせても文句ひとついわなかった。80本あたりになると『8回のツーアウト！』などと叫びながらやっていた。

横浜スタジアムの人工芝の特徴も調べた。あそこは一塁方向に人工芝が流れているんですね。

つまり、バントをやった場合、三塁側は切れない。フィールドに打球が戻る。逆に一塁側は切れるんです。それに横浜スタジアムは、面白いんです。夏になるとレフトへの打球は伸びる。ところが、ライト方向への打球は、低くないと伸びないんですね。風の影響です。

とにかく、『孫子』は、あらゆることを考えさせてくれました。私のバイブルです……」

私は、興奮した。胸が波打つのがわかった。ひとつひとつジグソーパズルのピースをはめ込むように〝鈴木野球〟が姿を現してくる。

ときおり監督室の窓から初夏の陽ざしが射し込み、私たちの頬を撫でてくる。

再び鈴木は、椅子から立ち上がった。戸棚から今度は、本のようなものを取り出してきた。

「岡さん、これはまだ見せていませんよね。プレゼントします。じっくりと読んでください。私自身の兵法書です。自分で書きました。どうぞ……」

鈴木は、両手を添えて私に手渡してくれた。手づくりの本だ。B5判サイズ、厚さは1・5チ《セン》ほどで、100ジ《ペー》はあると思われる。重みもあるようだ。表紙には『日大藤沢野球部教本』とタイトルが大きく記されている。

私は、しばらくの間、両手に重みを感じながら表紙をながめた。と同時に平成元年9月初め、暑さの厳しい日に日大藤沢高グラウンドを訪ね、その夜、鈴木とコーチ修業中の五十嵐と呑んだことを思い出した。鈴木がトイレに立った際、五十嵐が私に囁いた科白《せりふ》を脳裏に浮かべた。

——鈴木さんは、日藤野球部に伝統をつくろうとしているんです。鈴木さんの野球への情熱でわかるんです。

私は、1ページ目をゆっくりとめくった。

第二章「青森」

青森の夏は遅く、そして短い。太平洋からの独特の〝ヤマセ〟、北東風が年中吹き荒れ、8月に入っても気温20度を超す日は珍しい。

平成10年8月初旬。私は、青森県上北郡東北町にいた。15年ぶりの青森だった。東北町の総合運動公園内にある野球場で、練習をする日大野球部の合宿先を訪ねたのだ。

合宿最後の日は、青森大学とのオープン戦が組まれていた。私は、1か月後に控えた東都大学野球秋季リーグ戦開幕に向けての、日大野球部の調整ぶりを見たかった。そして、この青森の地で鈴木と話がしたかった。

青森大とのオープン戦は、2対2の引き分けだった。9回裏、青森大の外野手のトンネルで日大は同点とした。一塁側のベンチ横で見ていた私に、鈴木は語気強くいった。

「あの外野手、プロ選手の〝ものまね〟をしている。きちんと5本の指をグラブにはめていないんだ。薬指と小指を一緒にしてはめている。格好をつけてんだ。グラブと地面が平行になってない。だから、トンネルをするんだ」

その日の夜、鈴木と私は、東北町の繁華街にある銭湯で汗を流した。銭湯といっても温泉だ。東北町役場に勤務し、野球の審判員でもある蛯沢《えびさわ》松男さんが、案内してくれた。神奈川県から足を運んだ鈴木の自称〝追っかけ〟の井上紀一さんも一緒だった。

4人で湯船につかった。鈴木は、銭湯の高い天井を見上げ、呟くようにいった。

「……青森って大嫌いなんですよ。蛯沢さんも知っていますよねえ。井上さんにも何度も愚痴をこぼしたこと、ありますよねえ……」

私は、黙っていた。蛯沢さんと井上さんの顔を見ると、湯けむりの中で頷いていた。

「でもね、毎年、夏になると選手を連れて青森にくるんですねえ。青森にくると、身が引き締まる。15年も前ですよね。岡さん、青森にきてくれましたよね。青森商業で監督していた時代の私を、取材してくれた。岡さん、あの頃の私は、一番辛かったんです。でもね、当時は愚痴ひとついえなかった……」

甲子園ゼロ勝地帯

初めて私が、鈴木に会ったのは、昭和58年夏だった。ある月刊誌で「甲子園ゼロ勝地帯を行く」をテーマに取材しているとき、鈴木に会ったのだ。当時の鈴木は、青森商業高校の監督をしていた。

青森の高校野球を語る場合、昭和44年夏を忘れることはできない。あの太田幸司を擁した三沢高が、名門松山商業と対峙した決勝戦のエピソードである。実に、4時間16分にも及ぶ死闘を演じた末、延長18回、0対0の引き分け。甲子園史上初の決勝戦再試合の結果、ついに三沢高は松山商業の前に屈した。球神も迷う甲子園最大のドラマであった。青森県出身の詩人である故サトウ・ハチローは、綴り、吟じた。
敗れて悔いなし三沢高校
ほめてもほめてもほめたりない三沢高校
人々の心から永久に消えない三沢高校
青森県の名を世に高めた三沢高校

青森県は、三沢高の活躍でたちまち高校野球界にその名を高めたのだった。しかし、三沢高の甲子園史上に残る決勝戦を最後に、青森県勢は昭和57年までの13年間にわたり、甲子園で1勝もあげていなかった。

私が初めて青森の地を踏んだ昭和58年の前年、57年夏に青森県は木造《きづくり》高を甲子園に送り込んだ。が、結果は無残だった。1回戦の対佐賀商業戦でノーヒットノーランの洗礼を受けていた……。

青森県は「甲子園ゼロ勝地帯」だった。

昭和58年の夏。私は、青森県下の高校を訪ねた。取材をした。だれもが異口同音に「悲願は、甲子園での1勝です」といっていた。

そんな中で青森商業高野球部監督だった鈴木だけは違った。私を睨むように〝優勝〟の2文字を口にしていた。甲子園出場を果たしたら、あとは優勝を狙うのみ、と。その迫力に私は、圧倒された。ただのハッタリとは思わせない何かが、鈴木から感じたのだ。

1週間ほど滞在しての青森取材だった。上京を控えた最後の日だ。もう一度私は、青森商業を訪ねた。グラウンドでの鈴木の指導ぶりを見たかった。

そのときの鈴木の科白が心に残っている。

「栃木県の小山市生まれの私は、スキーなんか一回もやったことがない。だから、初めて青森で冬を迎えたときは、朝起きるたびに吐き気をもよおしました。雪が2メートルも積もっている。そのうえ、気温はマイナス10度以上です。どう練習していいのかわからず、思いきり雪を蹴とばしました。こんな野球があってたまるか、って。悩みました。昨年から今年にかけ、この冬は、本当に滅入ってしまって……。十二指腸潰瘍になった……。でも、文句もいってられません。今年で3回目の冬を迎えますが、冬場のトレーニングの重要さを知り、独自の練習をやっています……」

別れ際、鈴木が1歳年下であることを知った私は、津軽弁で軽口を叩いた。

「鈴木監督、けっぱれ（頑張れ）！」

鈴木は、屈託のない明るい笑顔を見せた。しかし、その笑いの奥に深い苦悩が隠されているとは知る由もなかった――。

日大野球部時代から鈴木は、青森と縁があった。

昭和44年春に日大に入学した鈴木は、翌45年から3年間にわたり夏になると青森に出向いた。

当時の日大野球部監督の河内忠吾が、熱心に野球に取り組む鈴木の姿勢を認め、日大野球部出身の赤木忠雄が監督を務める青森商業に鈴木を送り込んだのだ。東都大学野球春季リーグ戦終了後、鈴木は、約1か月間にわたり青森に滞在。大学生の鈴木は、高校生に野球を教えた。一緒に練習をした。

練習後は、毎晩のように日大出身OBや青森商業OB、野球好きの地元の名士たちが、宴を開いてくれた。青森県商工会議所会頭の武田貞助、青森商業OB会副会長の工藤巌雄と佐藤敏實、青森山田学園長の木村隆文、高橋鉄工社長の高橋幸夫、料亭牛せん社長の佐藤精吾……。青森県の高校野球監督や部長も宴に顔を見せていた。

若い鈴木は、ものおじしなかった。ユニホーム姿で宴に顔を出し、まずは声高らかに日大校歌を披露。低姿勢で席をまわり酌をし、興に乗ると〝野球教室〟を始めるのだった。

「身長176センチ、体重68キロの私は、けっしてオカマじゃありませんが、私の指を見てください。女性のようにきれいですが、右手の中指と人差し指の指先を見てください。タコで堅くなっています。このタコは、指先でスピンをかけるためにできるのです。

ところが、ボールを強く握っている投手やボール回転の悪い投手は、指先にタコはできません。指先じゃなくて腹の部分にタコができるのです。体質的にタコのできない者もいますが、基本的に指先でボールを優しく握っている投手は、指先にタコができます。そのため筋張ったきれいな手をしているんです」

ユニホーム姿の鈴木は、ピッチングをする格好をしながら説明した。つづけた。

「河内監督に私は、常にいわれています。『鈴木、おまえが太ったらぶん殴るぞ！』っていわれています。なぜなら、私のような下手投げ投手で活躍しているのは、ほとんどがスリムだからです。プロ野球の東映の高橋直樹さん、阪急の山田久志さん、南海の杉浦忠さんたちを見てください。スリムです。『週刊ベースボール』に載っていた写真を見たんですが、やっぱり、きれいな手をしていました……」

最後に鈴木は「ご静聴ありがとうございました」といって、深く頭を下げて〝野球教室〟を終えるのであった。全員が大学生の鈴木に拍手をし、喜んでいた。

逆転劇の真実は…

昭和48年春に日大を卒業した鈴木は、社会人野球の三菱自動車川崎に入社。2年目の昭和49年に青森市で開催された社会人野球の東北大会にエースとして出場し、再び青森との縁を深いものとした。

そして、5年間三菱自動車川崎のエースとして活躍した鈴木は、その後、コーチを務め、昭和56年秋に青森商業野球部監督に就任した。三菱自動車川崎のコーチ時代にときおり青森を訪ね、指導する鈴木に当時の校長藤林廣太郎が、白羽の矢をたてたからだ。校長の藤林は、スポーツに理解を示す教育者であり、三沢高の校長時代は、昭和44年夏の甲子園大会であの太田幸司を擁して準優勝。さらに弘前工業校長時代は、バレーボール部を全国制覇させていた。もちろん、日大時代に青森を訪ねて指導した鈴木を知る者も青森商業野球部監督に強く要請した。とくに親分肌で鈴木を可愛いがっていた高橋鉄工社長の高橋幸夫は、全面的に協力するといってきた。

昭和56年10月3日付で鈴木は、青森商業野球部監督に就任した。

しかし、昭和60年秋までの丸4年間、青森商業監督として采配を振るった鈴木だったが、気持ちの上でも寒い日々を過ごした。念願の甲子園出場には至らなかった。が、鈴木の指導力の未熟さだけが、甲子園出場を果せなかった理由だとは思えなかった。

初めて私が、青森に行ったのは、前述したように昭和58年夏。当時の青森商業は、十分に甲子園を狙えるチームだった。他校の監督や部長の多くは「今年は青商《せいしょう》で決まりですよ」といっていた。ところが、第2シード校の青森商業は、準々決勝で敗退した。対木造高戦に思わぬ逆転負けを喫したのだ。

何が起こったのか――。鈴木が、青森を去って10年以上の月日が流れた。日大野球部監督になった鈴木は、ようやく遠い日の真実を語ってくれた。鈴木は、私を前に口を開いた。

「あの木造高との試合は、一生忘れられない。監督の私にとっての、大きな〝事件〟でした……」

青森商業が4対1とリードして迎えた7回表、木造高攻撃のときだった。その〝事件〟は起きたのだ。

先頭打者に二塁打を浴び、つづく打者にレフト前にヒットを打たれた。ノーアウト一、三塁。この場面で監督鈴木は、先発した3年生エースの山崎央司《ひさし》を諦めた。完全にスタミナを消耗していたからだ。球威が失せ、コントロールも乱れていた。実は、試合前に鈴木は、妻が用意したオニギリを山崎に与えていた。身長163㌢と低い山崎は、頑張り屋であったが、スタミナに問題があったからだ。しかし、山崎は極度の緊張で一口もオニギリを口にしていなかったのだ。

鈴木は、1年生左腕投手の泉敏をマウンドに送った。

ところが、だ。すぐに1年生の泉は、マウンドから引き返してきた。

「どうしたんだ？」

そう尋ねる鈴木に、泉はいった。

「先輩たちが、おまえは引っ込んでいろと……」

鈴木は、泉を叱咤した。

「何をいっている。おまえが投げるんだ。早くマウンドに行け！」

再びマウンドに走らせた。が、またしてもきびすを返すようにベンチに戻ってきた。

鈴木は呆れた。控え選手に伝令を授けた。おまえはよく投げた、しかし、もうめいっぱいだ、体力もスタミナも限界だろう、交代だ、そう強くいうんだぞ――と。

しかし、3年生エース山崎は、マウンドを降りなかった。マウンドに集まった選手たちは、逆に伝令役を通じ、鈴木にいってきた。

エースが投げて負けるんならいい――と。

鈴木は、呆れ返った。監督としての自分が情けなかった。怒る言葉も見つからない。

とうとう審判がベンチ前にきて、注意した。

「早くしてくれ。時間の無駄だ！」

投手交代を諦めた鈴木は、最後の伝令を出した。とにかく、アウトカウントをふやせ、バックホームなど考えずにゲッツーだ――。

ところが、ことごとく鈴木の指示は無視された。選手たちは、気が動転していた。ノーアウト一、三塁のときだ。木造高のバッターが、ショートゴロを打った。やさしいツーバウンドのゴロだ。6―4―3のゲッツーコースだった。が、捕球した金枝正俊は、バックホームしてきた。三塁ランナーは、途中から三塁に引き返した。監督鈴木は、信じられない思いだった。ショートの金枝は、成績優秀な真面目な選手だった。それだけに鈴木の落胆も大きかった。何故なんだ……。

直後、ライトオーバーの三塁打を喫してしまった。走者一掃。次打者は犠牲フライ。あっという間に4対5と逆転された……。

やがて守備から戻ってきた選手たちは、泣いていた。鈴木は、心底呆れ果てていた。と同時に、怒りが渦巻いていた。

「泣くな！」

監督鈴木の怒声がベンチ内に響きわたった。

「自分たちが勝手に野球をやったんじゃないか。……あと3回も攻撃ができるんだ。逆転するんだ、チャンスはまだまだあるんだぞ！」

7回表のツーアウトから鈴木は、マウンドに1年生左腕投手の泉敏を送っていた。9回まで完璧に木造高打線を抑え、なんと7連続三振の力投を見せた。が、青森商業打線は沈んだままだった。

そして、4対5の1点差で迎えた9回裏、最後の攻撃。ワンチャンスで一気にサヨナラで勝つ。鈴木は、選手を前に何度も念を押した。オレのサインを絶対に見落とすな、と。

しかし、選手は、まるで夢遊病者のようだった。先頭打者がフォアボールで出塁した。同点ランナーだ。当然、鈴木は、送りバントを命じた。なのに打者は、強振した。投手ゴロ。ゲッツー。次の打者は、センター前にはじき返した。出塁した。が、ノーサインで単独スチールをやったのだ。盗塁失敗。4対5のままゲームセット……。

私は、当時の地元紙に載った記事のコピーを、鈴木の前に広げた。《強豪青商敗れる》の極太ゴシックの見出しが踊っている。黙って記事を読む鈴木は、目をしばたたかせ、涙を必死にこらえている。

「やっぱり、一生忘れられない。監督の私にとっては事件でした。あとで知ったんですが、伝令役の選手は、私の指示の逆のことをマウンドでいっていたらしいです。エースには『監督は、もっと踏ん張れといってるぞ』なんて……。だから、その後の私は、試合のときは必ず伝令役の選手を、私の隣に座らせることにしたんです。監督の考えをきちんと把握させるために……」

そして、鈴木は、こういった。

「この他にも事件はいろいろとありましたねえ……」

精神的ストレスで十二指腸潰瘍

鈴木から、私は苦い記憶を引き出した。青森商業での4年間を聞いた。

昭和56年秋、鈴木は、青森商業監督に就任した。当時から、小さなトラブルは、数えきれないほどあった。が、とるにたらないものと考えられた。

ところが、翌年の夏のことだった。甲子園大会の青森県大会が開幕する直前だ。合宿所に選手の父母たちを招待し、懇談会を開いた。その会の最中だった。選手の母親が新聞紙を丸め、突然、監督鈴木の頭を殴ってきたのだ。

「なんで息子は、補欠の背番号なのよ！」

鈴木は、開いた口が塞がらなかった。呆然とした。それでも冷静に母親を諭した。

「私は、断じて選手にえこひいきはしていません。一度、練習を見にきてください」

数日後、その母親は練習を見にきたが、小一時間ほどで帰ってしまった。鈴木は、その選手を試合に起用した。バントのサインを出したが、無視。打ちにいって投手ゴロとなった。実は、ベンチ上の観客席に陣取る父親が、息子にサインを出していたのだ。

選手を信頼したかった。いや、何が起きても信頼すべきだ。鈴木は、何度も自分にいい聞かせた。が、疑心暗鬼になるばかりだった。

信じられない、こんなこともあった。

深夜だった。鈴木は、抜き打ちに合宿所に行った。愕然《がくぜん》とした。くわえタバコで、マージャンをやる選手たちの姿があった。

「オレの体罰はな、愛のムチなんていう格好いいもんじゃないぞ。感情丸出しだ！」

大声を出した。拳を握った。ぶん殴った。鈴木は、笑うに笑えない顔で私にいった。

「酒にタバコ、マージャンにトランプ、すべてアリでした。女？ 頑張っていましたねえ。岡さん、私は、聖人君子じゃない。選手たちにいささかの稚気は与えてやりたい。試合当日、球場入りする前にいったことがあります。『タバコを吸え。試合は練習の延長だぞ。ふだんのおまえらは、隠れて吸っているんだからな。試合のときだけ真面目な顔をしても駄目だ。思い切り吸え、タバコを吸え！』って……」

鈴木は、声を震わせていた。私を凝視しながら涙をにじませた。

「青森商業監督時代の私は、24時間労働でした。ユニホームを着たまま、何度も寝たことがあります。ノイローゼになる一歩手前でした。精神的ストレスで十二指腸潰瘍になった……。女房が心配して『監督を辞めてください』と、何度もいってきました。私は、女房に手を上げました。八ツ当たりをした。結婚して、初めて殴りました。3歳になる娘が、女房に抱きつきながら私を睨んでいた……。あの娘の顔はいまもって忘れられません……」

私は、すでに知っていた。その元凶がどこにあるのかを。昭和58年夏の青森取材の際、青森商業をよく知る高校野球関係者がいっていた。

歴史のある青商は、OB会がうるさいんだ、金も出すが、口も出す、選手を勝手に呼び出しては激励会をやる、鈴木監督も大変だろうよ——と。

私は、鈴木に確認した。しばらく黙っていた。が、やがて絞り出すようにいった。よく青森商業OBから皮肉たっぷりにいわれたという。

「鈴木監督は、短気だからなあ……」

「青商のことを知らんなあ、鈴木は……」

「栃木県出身の外様《とざま》だしな、あいつは……」

「野球を知ったかぶりして生意気な……」

そして、昭和60年の夏がやってきた。鈴木は、今度こそ間違いなく甲子園出場を果たせると信じていた。その年の春、鈴木率いる青森商業は、東北大会で初優勝。堂々の第1シード校になっていた。

ところが、1回戦の対弘前工業戦で敗退したのだ。だれもが驚く大番狂わせ。3対4のスコアを知れば、接戦した末の惜敗のように思える。しかし、試合内容は、一方的に青森商業が攻めていた。初回に4点を奪われたものの、弘前工業の安打は5本にも満たなかった。対して青森商業は、安打を11本も放っていたのだ。しかも、そのうち長打は8本……。

監督鈴木は、まさに2年前のあの木造高との準々決勝の再現フィルムを見る思いだった。勝手に選手が試合をやっていた。

3対4で迎えた9回裏。最後の攻撃だった。2年生の代打が、ヒットを打った。当然のごとく次打者に送りバントのサインを出した。が、強振した。ショートライナーのゲッツー。次の打者がヒットを打った。ノーサインで走った。盗塁失敗。ゲームセット。

数日後、鈴木はまたまた愕然とした。青森商業野球部OBが、鈴木の知らない場所から選手にサインを出していたというのだ。

もうこの地でオレが指導することは、何もない――。絶望感に似た思いが、決意させた。

昭和60年10月31日。鈴木は、青森商業野球部監督を辞任した。校長冨谷郁逸と教頭前島一夫は、強く慰留してきた。OB会を解散させる、とまでいってきた。鈴木は、翻意しなかった。

辞任を決意した鈴木の脳裏には、4年間に味わった苦悩が走馬灯のように甦った。

審判に対してキレた瞬間

よく鈴木は、審判に泣かされた。

ある試合のときだ。もちろん、公式戦だった。青森商業が出場する第1試合。グラウンド整備を終えた選手たちは、ベンチ前に整列した。ところが、試合開始の時間になっても審判が姿を見せない。10分が過ぎた。この時点で疑問を感じた監督鈴木は、主将の高坂孝司を審判控え室に行かせた。戻ってきた主将高坂がいった。

「監督、審判たちはタバコを吸っていました。だから、あと4、5分くらい待ってろ、と……」

すぐさま鈴木は、審判控え室に出向いた。審判たちは、スポーツ新聞を見ながら雑談中だった。

鈴木は、落胆しつついった。

「試合開始時間はとうに過ぎていますよ。時間通りに開始するのが野球じゃないですか。第1試合ですよ……」

こんなこともあった。昭和57年秋の青森県秋季大会決勝戦のときだ。準決勝で延長12回の末、対弘前工業戦に勝った青森商業は、試合終了40分後に決勝戦をやるように審判にいわれた。決勝戦の対戦相手は、午前中の準決勝第1試合で勝った青森北高。すでに決勝戦に備えて青森北高は、3時間以上の休養をとっていた。

監督鈴木は、納得することはできなかった。審判に直訴した。選手たちに5分でも長く休ませてあげたい、そのためにも決勝戦前のノックはカンベンしてもらえないですか、と。

しかし、鈴木の訴えは却下された。試合開始15分前になったらノックの準備をするんだ、きちんと7分間のノックをやるんだ、試合前にノックをやるのは当然だろう、と。そう審判はいってきた。仕方なく監督鈴木は、ノックをやった。ただし、5分程度で選手をベンチに下げた。審判は、鈴木を睨んでいた。

試合が始まった。青森北高の先攻。いきなり青森商業のエース山崎央司は、5連続フォアボールを出した。連投とはいえ、山崎はコントロールのよさには定評があった。捕手の葛西真司が、審判にタイムをかけてベンチにやってきた。捕手の葛西に監督鈴木は聞いた。

「どうしたんだ。ベンチから見ると、ストライクに見えるぞ。本当にボールなのか?」

「監督、ストライクです。入っています。タテもヨコも入っています。でも、審判が……」

キャプテンでもある捕手葛西は、半ばベソをかきながら監督鈴木にいってきた。その瞬間、鈴木はキレた。あの審判め、試合前のオレの直訴を根に持っているんだな……。鈴木は、葛西に指示を与えた。

「よし、わかった。投手にいうんだ。よく聞けよ。サードに5回、セカンドに5回、ファーストに5回、牽制球をくり返し投げさせろ。あのな、これはルール違反じゃないからな。あと2時間もすれば陽が沈むぞ。照明灯のないこの球場での試合は成立しないからな、わかったな」

指示通りに投手山崎は、牽制球をくり返した。案の定、審判が一塁側ベンチ前に怒り顔でやってきた。鈴木を指さして大声を張りあげた。

「遅延行為だ！」

「ルール違反だ！」

それに対して鈴木は、ポケットからルールブックを取り出し、審判の前に突き出した。

「どっちが遅延行為をしているんですか？　ルールブックをちゃんと読んでいるんですか？　野球っていうのは、ストライクが入らなければ永遠に終わらない競技なんですよ。走者がいれば、何球牽制してもルール違反じゃないんですよ。ルールを知らないんですか？　ストライクをボールと判定する。遅延行為をしているのは、あなたのほうじゃないですか」

鈴木の野球人生で唯一、審判に対してキレた瞬間だった。鈴木は、審判を睨みつけた。鈴木のいい分は正論だった。審判は、バツの悪そうな顔をして捨て科白を口にした。

「教育的立場にいる監督が、そういう汚ない野球をやるのか……」

その後、審判は、ようやく公正なジャッジを下すようになった。が、青森商業のチャンスになると、再び解せないジャッジをくり返した。鈴木率いる青森商業は、涙を呑んだ。優勝した青森北高は、東北大会で1回戦を戦うことなくシードされて準優勝。翌年春の甲子園センバツ大会に出場した……。

心底鈴木は、青森は野球においては不毛地帯だと思った。

昭和58年秋だった。野球好きの青森県知事の北村正哉は、たびたび庁議で「高校野球を強くしよう。いまのままでは野球後進県のイメージが定着し、県民の意気が上がらない」と発言。青森県教育委員長と相談した末、青森県内の高校野球部長や監督、審判たちを青森県教育会館に集め、どうすれば甲子園で勝てるかを討論させた。青森商業監督就任3年目を迎えたばかりの鈴木も出席した。

しかし、だれひとりとして具体的な意見を口にする者はいなかった。初め鈴木は、黙っていた。青森県高校野球連盟の幹部たちは、勝手に雑談を交わしている。次回の講演会には是非とも日本高野連の牧野直隆会長をお呼びしたいな……、いや、もう1度早稲田大学の石井連蔵さんにきていただきたい……。

鈴木は、ほとほと頭にきた。知事が開いてくれた討論会だというのに、この人たちは何を考えているのか。鈴木は、挙手をして立ち上がった。遠慮なしの意見を述べた。

「青森商業監督の鈴木です。2年前に青森にやってきました。この際は、この2年間で感じたことをいわせていただきます。

まず、青森県営球場についてですが、問題点がいっぱいあります。みなさんは気付いているのかどうかわかりませんが、バックネットの下は関係者室になっています。それはそれでいいんですが、問題なのは壁の色です。白いです。あれでは投手も投げづらいし、守備側の選手も守りづらい。それにバックスクリーンも低いです。打席に打者が立った場合、マウンド上の投手が投球するたびに投手の手首がバックスクリーンの上に出る。つまり、白っぽいところから突然、投球される感じです。ものすごく危険です」

そう発言する鈴木に対し、年配の審判はいってきた。

「そんな馬鹿なことがあるか。野球場ってグリーンなんだ。わかっているだろうが……」

「いや、バックネットの部分の壁は白です。バックスクリーンも低すぎます。知らないんですか？間違いありません。ここから県営球場の管理室に電話をかければわかります。聞いてみてください」

さらに鈴木は、つづけていった。

「お金を出して野球界の偉い人を呼んで講演会を開く。それも大事なことだと思います。しかし、もっと大事なことがあります。北村知事は、野球が大好きです。だったら知事に頭を下げて県営球場に照明灯を付けてもらうとか、陳情すべきです。1年前の秋季大会で私の青森商業は、準決勝の終了40分後に決勝戦をやるようにいわれた。あれは、日没を気にしたため試合開始時間を早めたと思います。照明灯があれば、早める必要はないです。逆に照明灯がなければ、準決勝と決勝を同じ日にやらなければいいんです。選手のことを考えないで、日程消化のことばかり気にしている。選手が可哀相です。

私は、はっきりといいます。野球が好きです、なんてことはだれでもいえます。しかし、野球を愛していますとはなかなかいえないんじゃないですか？　そういうことです」

約1週間後、青森県営球場のバックネット下の壁は塗り替えられた。しかし、いまもって照明灯はない……。

青森商業に別れを告げる日、昭和60年10月31日。鈴木は、校長の計らいで全校生徒を前に別れの挨拶をした。

「……青商は、スポーツが盛んだ。伝統もある。しかし、スポーツも勉強も真剣に取り組まないと得るものはない。常に正面から真剣にやり〝ここに青商あり〟という気魄を見せて欲しい。陰ながら祈っている……」

青森商業を去って5年目。平成2年春に鈴木は、日大藤沢高野球部監督として初めて甲子園センバツ大会に出場した。その際、鈴木の指導力を高く評価していた青森県の野球関係者たちは、口を揃えていった。さすが鈴木監督だ、と。そして、鈴木を青森商業野球部監督に要請したひとり、〝鈴木野球〟を高く評価していた高橋幸夫は、OB会の長老たちを前に啖呵をきったという。

青商は、鈴木という有能な指導者をクビにした、あんたたちOBは恥ずべきだ――。

高校野球の原点は心を込めて

東北町での日大野球部合宿最後の夜。銭湯で汗を流した鈴木と私は、蛯沢さんの家にお世話になった。蛯沢さんの息子の克仁さんは、スキーのノルディック競技選手として長野オリンピックに出場していた。そんな克仁さんの部屋で、鈴木と私は枕を並べて横になった。蛍光灯の薄明かりの中、互いに天井を見つめながら語った。

「鈴木さん、例の『孫子』や『孫子の兵法』は、青森時代から読んでいたんですか?」

「読んでいました。はっきりと覚えています。昭和58年の春です。選手を引率して関東に遠征に行ったんです。そのときに栃木の高校と試合をやって勝った。そしたら負けた高校の監督が、私たちの見えるところで選手をぶん殴っていたんですね。その後です。中学の先生だった宗像(景満)先生が『あの監督のように選手を感情だけで殴るなよ。負ける原因は指導者にあるんだ。鈴木、練習も試合も楽しくやるんだ。この本を読め』ってね。食事をしたときに、箸袋《はし》に書名を書いてくれた。それが『孫子の兵法』でした」

「宗像先生……?」

「そうです。栃木の少年野球の指導者としては有名な方です。何回も栃木県や関東大会の少年野球大会で優勝しています。野球経験のなかった人なんですが、いろんな本を読んで指導する。現在は、佐野日大高校と中学校の先生をしながら野球部の顧問をやっています。たしか栃木東中学の監督時代です。あの江川卓がエースだった小山中に1回も負けたことがない。中学時代の江川は、コントロールが甘かった。そこを宗像先生は、選手たちに狙っていけと。つまり、ストライクを先行してカウントを整えてくるボールを狙えってね。そういった江川攻略法をひねり出して、勝っていたんです」

「すぐに『孫子の兵法』を買って読んだ?」

「2日後に青森に戻ったときでしたよね。青森駅前の新町通りに成田本店という書店があってね、そこで買って、徹夜で読んだ。赤ペンで線を引いたりして。何回も読み返した……」

『孫子』や『孫子の兵法』に倣って、例の『日大藤沢野球部教本』を書きましたよね。青森時代は書かなかったんですか?」

「岡さん、実はね、青森時代にもワープロで打ってね、書いた。1冊の本にはしなかったんですが、1枚づつ渡していた……」

そういって鈴木は、仰向けの身体を起こし、うつ伏せになった。両手で枕を抱え込んだ。私も倣った。鈴木は、つづけた。

「でも、青商の選手は、『監督の野球は難しすぎる』といってね。すぐに捨てる。教室のゴミ箱に捨ててありましたねえ。私は『違う。野球をやさしく教えるために書いたんだぞ』といっても駄目でした。『オレたちは、漢字が読めねえから』なんて屁理屈をいって……」

「捨てちゃうんですか？」

「捨てましたね。岡さん、野球って、試合時間の3分の2はプレーしていないんです。その3分の2の時間に選手は、何を考えるか、どんな準備をするかが重要なんです。たとえば、ノーアウト一塁の場合、攻撃側のプレーは、バント、盗塁、ヒットエンドランの3つですよね。そういった状況を随時把握しながら考えて、判断する。考える野球を、青商の選手はやろうとしなかった……」

「それに例の奇策、〝5人内野シフト〟なんですが、青森時代にもやったんですか？」

「実は、やりました。私が辞任する直前の最後の試合、昭和60年の青森県秋季大会の準々決勝でしたね。たしか木造高戦でした。10回裏、2対2の木造攻撃のときです。ノーアウト満塁のときにやった。横浜高戦と同じくレフトの選手を投手の左横に守備位置をとらせた」

「青商の投手は速球派？」

「そうです。中村正二という140キロ台のスピードボールを投げる速球派でしたねえ。青森県で初めて完全試合をやった投手です。だから、私はずっと考えていた。いずれチャンスがきたら〝5人内野シフト〟をやってやれ、って。で、木造高戦のときにやった。一応、成功したんです。バッターをショートゴロに打ちとってね。6―2―3のダブルプレー……」

鈴木は、大きく溜息をついた。つづけた。

「ところが、です。バックホームのときに審判が、捕手の足がベースから離れていたといってね、セーフ……。タイミング的には完全にアウトでした。しかし、青森の審判はタイミングでジャッジをしてくれなかった。サヨナラ負けです。最後まで私は、審判に泣かされた。嫌われていましたねえ……」

「観客の反応はどうだったんですか？」

「まったくざわつきませんでした。むしろ『青商の監督は、何をやってんの？』という雰囲気でしたね。ただ、ホームでのジャッジに対して観客の多くはアウトだ、といっていましたね。たったひとり、いまも八戸工大一高で監督をしている日大時代の後輩の山下繁昌だけはいってきました。『鈴木さん、すごいシフトをやりましたね』と……。驚いていましたねえ……」

「鈴木さん、やっぱり、青森、嫌いですか？」

「大嫌いです」

そういって鈴木は、しばらく沈黙した。そして、絞り出すようにいった。

「……私も若かった。生意気だったかもしれない……。しかし、野球に関しては間違ったことはやっていないと思います。ただ、いえるのは、青森は、私に野球の底辺を見つめさせてくれた、感謝の地です。青森で教わったことは、心を込めて教えるということです。高校野球を指導する者の原点です。そう考えています」

鈴木と私は、遅くまで語り合った。時計の針は、とうに深夜の1時をまわっていた。

第三章 「萌芽」

審判に注意された日からルールブックを読んだ

栃木県小山市。晴れた日には北西方向に日光連山を望むことができる。日光連山を伴うように男体山の雄々しき姿がある。

少年時代の忘れられない思い出が、鈴木にはある。小学校4年生の夏休み、町内の少年野球大会に出たときだ。鈴木にとっては初めての試合。デビュー戦だった。守備位置はレフト、6番打者。校庭での試合だった。前夜、雨が降ったために、鈴木の守備位置の真横、レフト線の内側に気になる水溜まりがあった。

1対0とリードした4回だった。相手チームの攻撃で、ワンアウト一、二塁のピンチ。そんなときにレフト方向に強烈な打球がとんできた。水溜まりをまたぐように大きくバウンドした打球だった。打球を止めないと逆転される、そう子供心に思った鈴木は、グラブを打球めがけて投げつけた……。

試合は、4対1で鈴木のチームが勝った。ヒットを打つことができなかった鈴木だったが、一番年下だったために誉められた。監督が「よくやった」といって、頭を撫でてくれた。鈴木は、ものすごく嬉しかった。

ところが、試合後に鈴木ひとりが審判に呼ばれた。きつく注意されたのだ。

「鈴木君といったな。4回のときだったよね。レフトにとんだ打球にグラブを投げつけただろう。

あんなことは、やっちゃいけないんだ。ルール違反になる。もしもグラブに打球が当っていたら、三塁打になってしまう。ルールを知らないと、勝てる試合も負けることがあるんだぞ……」

監督に誉められたことが、一瞬にして吹きとんだ。

それまでの鈴木は、子供心に野球のことなら何でも知っている、そう思っていた。毎晩、テレビでプロ野球中継を見る。ラジオ中継も聴く。プロ野球12球団名も全部いえたし、監督の名前も知っていた。ある日、野球好きの先生に聞かれた。

「鈴木、12球団のエースの名をいえるか?」

すらすらと投手名をあげた。鈴木は、先生を前に「どうだ」と胸を張った。

が、そんな鈴木でも、打球にグラブを投げつけ、当ったら三塁打になることは知らなかった。ものすごく悔しかった。

審判に注意されたその日に鈴木は、父にルールブックを買ってもらった。漢字が多いために、辞書を引きながら読んだ。

鈴木は、単なる野球少年ではなかった。野球に憑かれた少年だった。8歳年上の兄昇一も野球をやっており、幼稚園時代からキャッチボールをやっていた。また、鈴木の叔父である鈴木敞(元日本製粉監督)と鈴木利平(元東京鉄道管理局選手)は、社会人野球経験者だった。よく原っぱで兄と2人で手ほどきを受けていた。

小学校5年生の頃だった。よく放課後に鈴木は、近くの高校のグラウンドに練習を見に行った。とにかく、硬球をこの手で握りたかった。選手が畑の中にファウルボールを打つたびに鈴木は、落下地点を覚えた。練習後、ファウルボールを拾わずに選手たちは帰った。鈴木は、畑の中から探し当て、初めて硬球を手にした。たまらない喜びを感じた。その夜、鈴木は、汚れた硬球を握りながら寝た。

やはり、小学校5年生の頃だ。家の近くに鈴木にとっては憧れの作新学院の野球部員がいた。捕手だった。空地で練習をしていた。足元にミットを置き、バットでボールを天高く打つ。キャッチャーフライを打ち上げては、捕球していた。鈴木は、羨《うらや》ましかった。自分もやりたい、そう思った。家の近くを通る国鉄の線路沿いに行き、とりあえずバットを手に石コロを拾っては打った。ノックの練習を始めた。1週間後、キャッチャーフライを打てるようになった。足元に落ちるボールを見て、鈴木は思った。野球の練習って、ひとりでもできるんだ——と。

「鈴木、野球はな、目と耳、それに頭を使うことなんだぞ。奥が深いのが野球だ」

小山第二中学校に入学して間もなくだ。早稲田大学出身の英語教師であり、野球部顧問の石川敏は、そういった。

鈴木は、石川が好きだった。ことあるごとに野球の話をしてくれた。〝学生野球の父〟といわれた飛田穂洲《すいしゅう》について語ってくれたのも石川だった。

「鈴木、飛田穂洲という人は、先生が出た早稲田の大先輩だ。早稲田の野球部をつくりあげたすごい人なんだぞ。厳しい人だったんだが、選手に信頼されていた。野球を教えるのは、寺小屋の先生と同じだといってな、選手を親友のように大事にしていたんだ……」

2冊の本をくり返し読んで暗記してしまった

中学2年生のとき、投手の鈴木をオーバーハンドからアンダーハンドに変えたのも石川だった。石川は、鈴木の担任教師であり、監督の荒川行雄に命じてアンダーハンドにした。嫌がる鈴木を、石川と荒川は説得した。

「早稲田には安藤元博っていうアンダースローの投手がいた。鈴木、知ってるか？　4年間で35勝もしたんだぞ。この記録はな、慶応出の巨人の藤田元司や、明治出の大洋の秋山登よりもいい記録だ。アンダースローから膝元に投球する。打者が一番嫌がるコースだ。鈴木、投手であるなら絶対にアンダースローだぞ。鈴木、おまえは、ちょっと猫背ぎみだしな。アンダースローがいいんだ。わかったな……」

鈴木は、石川と荒川を凝視して、大きく頷いた。

ことあるごとに石川は、鈴木に「本を読めよ！」といった。2冊の本を貸してくれた。『ドジャースの戦法』（ベースボール・マガジン社）と『個人プレーとチームプレー』（内村祐之著）だった。

この2冊の指導書が現在の監督鈴木の根幹となっている。

鈴木は、くり返し読んだ。辞書を引きながら読んだ。約3か月間で、ほとんど暗記してしまった。石川と荒川は、目を見張った。練習中の鈴木は、仲間に指示を与えていたのだ。

「ボクが、一塁に牽制球を投げるときは、ライトだけじゃなく、セカンドもバックアップするんです……」

昭和41年春。鈴木は、小山二中から小山高校に入学した。トップ成績での入学だったが、希望する高校ではなかった。なにせ当時の小山高は、商業科や園芸科などのある実業高校。普通科はなかった。将来、大学進学を希望していた鈴木は、当然のごとく普通科のある高校に入学したかった。

そんな鈴木を半ば強引に小山高入学を勧めたのが、石川と荒川だった。さらに加えて、小山高野球部長の粂川義昭と監督の小林松三郎、コーチ役の岸仲男だった。この5人が鈴木の素質を見抜いていたのだ。とくに岸は、小山二中の校門前で文具店を経営していたため、毎日のように鈴木の投球ぶりを見ていた。

今回の取材で小山市に出向いた私に岸は、遠い日を懐しむように語ってくれた。

「中学時代の鈴木が投げる試合は、ほとんど見ていた。感心したのは、1点差試合で負けたことは一度もなかったのよ。接戦に強かったなあ。だから、勝負強い鈴木を、みんなして小山高に入学させたかった。鈴木が高校3年になる昭和43年は、小山高の創立50周年目の年だしね。甲子園初出場を決めれば、記念行事に花を添えることができる。鈴木が小山高に入学すれば、甲子園に行けるとね、みんなが確信していたんだね」

受験願書締切り日の土壇場まで鈴木は、他校受験にこだわった。しかし、尊敬する石川は、鈴木の他校受験を許さなかった。つべこべいわずに小山高に行け！　といった。結局、最後に決断を下したのは、鈴木の父・栄次郎だった。父は息子に「小山高の小林監督を男にしろ！」と強くいったのだ。鈴木は、納得せざるをえなかった。

小山高時代。鈴木は、一日1000球の投げ込み、ホームベースから外野までの往復ダッシュの走り込みを一日中やったこともある。冬場のオフにも一日400球は投げた。授業中もボールを握っていた。目標は、甲子園出場。

青森商業監督時代の鈴木に『孫子の兵法』を読むことを薦めた宗像景満は、小山高時代の鈴木の練習姿を何度も見ている。

「よく鈴木は、小林松三郎監督を背負って走り込んでいた。小林監督でさえも、鈴木には一目置いている感じでしたよ。鈴木の野球一筋のひたむきさは、半端じゃなかったね」

昭和43年夏。小山高のエースとして鈴木は、甲子園出場を果たした。そして、入団を拒否したものの、その年の秋のプロ野球ドラフト会議で阪急（現オリックス）に指名されたのだった。

この後の鈴木は、日大に進学。日大野球部、三菱自動車川崎野球部のエースとして活躍。そして、〝鈴木野球〟の根源となる青森商業野球部監督時代を迎えた。

4年間の青森生活を終えた鈴木は、家族とともに故郷の小山市に戻った。少年時代の憧憬として脳裏に残っている男体山が、遠くに見える。

久しぶりの故郷は、鈴木が青森で味わった苦悩を、日ごと忘れさせてくれた。積もり積もった重しが少しずつ軽くなっていく感じだ。

1年7か月故郷小山市で〝浪人生活〟

年が明けた昭和61年初春。鈴木と私は、昭和58年夏の青森取材以来、2年8か月ぶりの再会を果たした。その年の3月8日から3週間、開幕を控えたプロ野球は、若手選手育成のために第1回教育リーグ朝霞《あさか》大会を、埼玉県朝霞市営球場で開催。青森商業監督時代の鈴木の教え子、ロッテの長利《おさり》礼治が出場することになっていた。長利は、昭和58年秋のドラフト会議でロッテに、5位指名されて入団したスラッガーだった。長利の出場を知った私が、鈴木に連絡を入れたのだ。

鈴木と私は、朝霞市営球場で待ち合わせた。が、運悪く前夜に降った雪のために試合は中止。グラウンドを眺めながら鈴木は、思いきり足元の雪を蹴とばした。

「青森時代はね、こうやって、よく雪に当たっていたんですよ。キック、うまいでしょう。……でもね、岡さん、長利と一緒にロッテに入団した沖縄水産高の比嘉（良智）が、入団発表のときにいってました。沖縄は、青森とは逆で真夏は暑くて練習ができない、ってね。自分たちの甘さを痛感しました。大馬鹿者の私でした」

鈴木は、おどけた。その表情は明るかった。ただ、教え子のプレーが見られないことを心から残念がった。

鈴木は、故郷小山市での生活を語った。

青森から帰郷した鈴木は、一時、野球から身を引くことを真剣に考えた。が、妻の美枝子が強く反対した。社会人野球の三菱自動車川崎時代に、社内恋愛の末に結婚した6歳年下の妻は、夫の野球に賭ける情熱を、最も理解している。帰郷以来、無収入で申し訳なさそうな顔をする夫を、妻は励ました。

「いまのお父さんは、充電期間中なのよ。そのうちにいいことがあるんだから……」

夫は頭を下げた。朝、子供を学校に送り出した後、妻は近くのレストランに働きに出た。真顔で夫は、妻を〝総監督〟と呼んだ。

鈴木は、昭和62年6月に神奈川県の日大藤沢高野球部監督に請われるが、それまでの1年7か月は故郷小山市で暮らしている。高校野球監督浪人生活を余儀なくされたのだ。

が、この浪人生活時代に鈴木は、独自の指導方法である〝鈴木野球〟を萌芽させたといってよい。それは小さな新芽ではあったが、後に大きな枝葉を広げることになる。

帰郷と同時に小学校3年生になる長男が、地元の少年野球チームに入る。チームの監督は、小山高野球部先輩の石塚松美だった。JR小山駅前で不動産業を営む石塚は、後輩鈴木の、野球一筋のひたむきさを知っていた。鈴木は、臨時コーチ役を頼まれた。

久しぶりにバットを手にし、ボールを握った鈴木は、少年たちを前にした。

そんなときだ。たとえば、バントの練習を始める。ところが、少年たちは、それなりにバントの構えはするものの、どうすればいいかわからない。少年のひとりは、バットを握った両手の間でボールを当てようとする。正直、鈴木は驚いた。こんなことも知らないのか、と呆れた。少年たちを前にバントの仕方を教えた。

「よく聞くんだぞ。右バッターは、右手でボールをつかまえるようにバットに当てるんだぞ。いいか、やってみるぞ」

バッターボックスに入った鈴木は、バットを持たずにバントの構えをする。2《メートル》ほど前から少年にボールをトスさせる。それを右手でキャッチする。くり返した。

「いいか、これを2人一組になってな、くり返すんだ。そして、右手でボールをしっかりとつかむことができるようになったら、次にバットを握る。実際にバントをしてみるんだ。ボールに強くバットを当てなくてもいいんだぞ……」

10分、20分とくり返し教えるうちに、少年たちはバントの仕方をマスターする。

そのうち少年たちは、つぎつぎとコーチ役の鈴木に質問してきた。

「コーチ、バントって、一塁側にするんですか？　三塁側にしては駄目なんですか？」

鈴木は「よく聞いてくれた」といって、そのたびに説明した。当然、自らもやって見せる。

「バントにもいろいろあるぞ。内野安打を狙ってやるバントもあるし、単にランナーを塁にすすめるバントもあるよな。でもな、小学生のキミたちは、ランナーをすすめるバントができれば十分だ。つまりな、右バッターであれば、一塁側に転がすバントができるようになればいいんだ。やりやすいバントをするんだ……」

少年たちは、素直だった。知らないことは何でも聞いてきたし、鈴木のアドバイスを真剣な表情で聞いた。

「ボールは、親指と人さし指、中指で握る。これが、当たり前の握り方だぞ。でもな、手の小さい小学生は、薬指も入れて握った方がいいぞお。4本の指だと、しっかりとボールを握ることができるだろう……」

「みんな、プロ野球のテレビ中継をよく見てるよな。ベンチ前でキャッチボールをやっている。なんかだらだらやっているように見えるだろう？　でもな、よーく見てみろ。ボールをグラブで捕球した瞬間、もう右手でボールを握っているよな。すぐにボールを投げられる状態にしているぞ。いつまでもグラブの中でボールを握っている選手は、ヘタクソだぞ……」

「家での勉強時間は、30分くらいでいいぞ。それ以上はするなよ。この意味がわかるか？　授業をしっかりと受けていれば、家での勉強はそんなにやる必要はない。そういうことなんだぞ……」

決勝戦の前夜だった。監督の石塚松美が、鈴木に電話をしてきた。「鈴木、試合のことを考えると眠れないという子供がいる、どうすればいいんだ」と。鈴木はいった。

「大丈夫です。明日の試合前にいい薬を選手全員に配ります。だから、安心して寝るようにいってください」

翌朝、鈴木は、選手全員に薬を2錠ほど与えた。

「いいか、この薬はな、単なる栄養剤ではないんだぞ。勇気が出る薬だ。コーチもな、大学時代の試合前によく飲んでいた。この薬を飲めば、プレッシャーがなくなるんだぞ。でもな、2錠以上は飲むなよ」

鈴木が手渡した薬は、宇津救命丸だった。真相を知った石塚は、苦笑していた。

決勝戦は接戦の末に敗れてしまったが、少年たちに悔いはなかった。思いきりプレーできたと喜んでいた。

鈴木は、少年たちの姿に、遠い日の少年時代の自分を見た。

鈴木は、痛感していた。青森商業監督時代の自分に、選手たちはほとんど質問してきたことはなかった。選手たちは理解している、そう勝手にオレは思い込んでいたのではないか――。

練習後、帰宅すると鈴木は、本棚にある野球関係の本ばかりでなく、百科事典、広辞苑、現代用語の基礎知識などを取り出した。調べた。そして、ワープロを前にした。A4判サイズの用紙6枚に「野球の歴史」「野球用語の解説」「野球に必要なメートル法換算表」のタイトルを付け、徹夜で打った。少年たちに、もっと野球を知ってもらいたい、そのために手づくりの資料を作成したのだ。

私の手元には、鈴木にもらったその資料がある。読んでいて、楽しい。こんな調子だ。

「野球用語の解説」から抜すいしてみる。

〈コーナーストーン――捕手のこと。チーム全体の基石（コーナーストーン）にもあたることから、こう呼ばれる〉

〈ホットコーナー――三塁のこと。1889年、大リーグチームのレッズのカーペンター三塁手が、猛烈な打球を身を挺《てい》して止め、当時の新聞記者が、このホットなプレーと評したことに始まる〉

〈サブマリン――アンダースローの投手を俗にこういう。サブマリンとは、潜水艦のことで、水上に浮上する姿が、ちょうど下手投げの投手に似ていることから、名付けられた〉

〈ブルペン——投球練習場。闘牛が闘牛場へ出入りする通路から転じた（ブルは牡牛、ペンは小屋）。フェンス横の投球練習場の壁に牛の絵の広告があり、投手が牛の柵の中にいるように見えたのでこのような名が付いた〉

〈ピック・オフ・プレー——投手または捕手が走者を刺すために、塁にいる野手に送球して走者を狙い撃ちにする戦法。野手または捕手のサインで行う〉

〈クリーン・アップ——英語にすると〝clean up〟。つまり、塁上の走者を一掃するということで、3、4、5番を打つ強打者のことをいう〉

〈ドラッグ・バント——打撃方法の一種でバットを押し出すようにして軽く球に当て、投手の側を抜いてヒットをもくろむ打撃戦法のこと。本来は左打者のとき、二塁手が深く守っているのを虚をついて行うが、今日では右打者も使用するようになった。セーフティバントは日本語である〉

ワープロの資料を真剣に読む少年たち

鈴木は、ワープロで打った資料をコピーして少年たちに手渡した。ミーティングといった大げさなものではなかったが、よく少年たちを前に野球の話をした。「わかんないことがあったら、なんでも聞いてこいよ」という鈴木に、少年たちは質問してくる。

「コーチ、フォークボールの投げ方を教えてください」

それに対して鈴木は、真顔で応じた。

「キミたちは、まだ小学生だしな、フォークボールを投げられる手にはなってないぞ。手のひらも小さいし、指も短い。ただ、フォークボールがどんなボールか知りたいよな。じゃあ、教えるぞ……」

そういって鈴木は、ボールを手にして実際に投げてみせる。そして、説明する。

「あのな、広げた人差し指と中指の間にボールをはさんで投げる。ほら、指の形がフォークのようだよな。だから、フォークボールって呼ばれるんだぞ。フォークボールはな、ボールの回転が少なく、打者の手元にきてストンと落ちるんだ。打者にとっては打ちづらい。打つタイミングもとりづらいんだ。なんでかわかるか？　フォークボールを投げるときの投手は、ストレートを投げるときと同じように思いきり投げるからだぞ。打者は、ストレートと勘違いし、ストレートを打つタイミングでバットを振る。だから、よく空振りするんだぞ。プロの投手は、よくフォークボールを投げるよな。しかしな、フォークボールを投げすぎると、投手寿命が短くなるといわれている。ものすごく手首を使うからだぞ……」

深く頷きながら少年たちは、鈴木の説明を聞いた。鈴木は、少年たちを前に何でも教えた。

「みんな、テキサスヒットっていう言葉を聞いたことがあるよな。内野と外野の中間に落ちる当たりそこないのヒットだ。正式には、テキサスリーガーズ・ヒットというんだ。小学生には難しいかもしれないけど、ルーツには黒人差別問題も絡んでいるんだぞ。黒人選手の目の覚めるような打球でも、白人の観客から見れば、ひ弱い打球にしか見えない。いわば偏見の感情から生まれた用語なんだ。逆に白人選手の打球を〝クリーンヒット〟とか〝ラインドライブ〟というんだぞ」

鈴木から手渡された資料を、少年たちは真剣に読んだ。野球博士になったみたいだ、そういう少年たちの表情は生き生きとしていた。チームは、日を追うごとに強くなった。

このワープロで打って作成した資料が叩《たた》き台となって、後に『日大藤沢野球部教本』として実を結ぶのである。

初めて鈴木は、指導者としての喜び、誇りを感じた。少年たちに教えられたのだ。野球って教える方も教わる側も純粋でないと駄目なんだ、選手たちと会話を交わす、そして、教えることを決して諦めない、常に優しく嚙《か》み砕いて教える、それが真の指導者なんだ——と。

同時に鈴木は、高校野球も隈なく見た。地元の栃木県に限らず、群馬、埼玉、千葉、東京、神奈川と足を運んだ。

「鈴木と申します。すみません。そちらの野球部の練習とオープン戦の日程を教えていただけませんか……」

高校野球の名門校といわれる高校に電話を入れる。日程を聞いた。練習を、オープン戦を、試合を見た。もちろん、甲子園大会にも行った。ベンチ内での監督の采配を凝視した。

昭和61年3月末だった。春の甲子園センバツ大会を見に行っている鈴木から、私の元に電話がかかってきたことがある。

「岡さん、きょうの享栄高と新湊高の試合、見ましたか？　1対0で初出場の新湊高が勝ちましたよね。享栄高の敗因は、試合前の心構えに問題があったと思うんですよ。たしかに試合前は雨が激しく降っていた。だれもが中止だと思っていたんです。

しかし、大会本部が中止の決定を出さないのに享栄ナインは、ユニホーム姿になっていなかった。だから、闘争心を半減させたとおもいますね。試合前はどんな状況にあっても、ユニホーム姿でいるべきです……」

鈴木は、一方的にしゃべりつづけた。

「その点、初出場の新湊の桧物監督は、きちんとユニホーム姿になっていました。たとえ雨で中止になると思っていても、大会本部が決定を下すまではユニホーム姿で待っていなければ……。そう思うんですよね。岡さん、名門校の享栄高に勝った新湊高は、波に乗るんじゃないですか？　いいところまで勝ち進むと思います。新湊高の選手たちの目は生き生きとしていましたよ……」

鈴木の予想通り、享栄高に勝った初出場校の新湊高は、2回戦で拓大紅陵高に7対2、3回戦で京都西高に2対1、準決勝で宇都宮南高に敗れたものの、みごと初出場でベスト4入りを果たした。

そして、その年の夏。私は、高校野球のベテラン監督の取材のために栃木県に行った。私の取材を知った鈴木は、車で案内してくれた。監督を前に取材している間、私の隣で鈴木は黙って聞いていた。取材が終わると鈴木は、車の中で手帳を広げ、何やら書き出した。私が聞くと、こういった。

「社会人の三菱自動車川崎時代の私は、総務部に在籍していたんですが、当時の小藤武久課長によくいわれました。小藤課長は、野球部の副部長をしていた方なんですが、会議のときは、必ず資料をつくり、会議の内容を書き込んでおけ、ってね。だから、忘れないうちに、岡さんが取材している最中に感じたことをメモしているんです。人間って頭の中に入れるのも大切なんですが、書くことによってきちんと覚えると思うんです」

昭和62年、日大藤沢高監督に就任

さらに鈴木は、東京・世田谷区にある母校日大野球部のグラウンドにも通った。合宿所に寝泊まりしながら、コーチ役を務めていた。無報酬だった。

日大野球部3年生だった五十嵐康朗が、当時の鈴木を語る。

「教え方がうまいんですよね。たとえば、たまたまいい当たりをしたのに『なんであんなにとばせるんだ、五十嵐、いいぞお』って、誉めてくれる。それに野球をよく知っているというか、勉強している人だと思った。私のポジションは、セカンドだったんですが、ノーアウト走者なしの場面の練習をする。そのときに打者が、サード方向に打った瞬間、私はセカンドベースに入った。そしたら鈴木さんに『五十嵐、違うんだ。レフト前にヒットを打たれた場合は、そのままセカンドに入ってもいい。しかし、まだヒットかどうかわかんないときは、ファーストをバックアップするんだ』って。『駒沢大も亜細亜大も、社会人野球もみんながやっているフォーメーションなんだぞ』ってね。

鈴木さんは、ひとつひとつのプレーを実によくチェックしていましたね。それに鈴木さんの口ぐせは『明るくやれ！』でした」

当時の五十嵐は、野球は単純に根性でやるものだと信じていた。しかし、鈴木に出会ったことで考えを改めた。頭を使う野球をしなければならない、と。そう痛感した。

その後の五十嵐は、日大藤沢高野球部監督になった鈴木の下でコーチ修業。鈴木に紹介されて青森山田高野球部監督に就任し、5年間に2度の甲子園出場を果たしている。現在の五十嵐は、日大野球部コーチとして鈴木の参謀役。まだ33歳の若さである。

そんな鈴木の野球に取り組む姿勢、情熱が認められる。まず地元小山市の野球関係者が鈴木に声をかける。待遇は用務員だが、新設高校の監督をやる気はないか、と。鈴木は、引き受けてもいいと思った。が、まわりが反対した。何も用務員をしながら監督をやる必要はないだろう、と。

鈴木は悩んだ。すでに2年近く収入なしの浪人生活を送っている。これ以上は妻に苦労はかけられない……。

しかし、悩む必要はなかった。すでに日大野球部OBたちが動いていたのだ。

昭和62年6月5日。鈴木は、まだ一度も甲子園出場を果たしていない神奈川県の日大藤沢高野球部監督に就任する。37歳になる直前だった。それまで采配を振っていた日大野球部OB会の長老であり、〝和製スティンゲル〟の異名を持つ香椎《かしい》瑞穂が、若い鈴木に監督の座を譲ったのだ。また、当時の日大商学部事務局長吉川幸四郎が、香椎監督の後任は鈴木しかいないといってくれた。吉川は、大の野球好きだった。

就任する前、小山市から藤沢市に行く前に鈴木は、宴を開いてもらった。小山高時代の監督小林松三郎とコーチ岸仲男を筆頭に宗像景満、小山市で少年野球を教える教師の田中操（現小山市立豊田中学校長）、石川敏と荒川行雄、小山高時代の同期生で主将だった上野康仁、上野の中学時代の監督高橋光夫、小山高時代の後輩の荒井和夫（現日大明誠高監督）と高橋敏雄。そして、鈴木に少年野球チームのコーチを依頼した監督石塚松美……。青森商業監督時代から、何かとアドバイスを惜しまなかった山梨県の甲府工業高監督の原初也も駆けつけてくれた。何度も原は、鈴木の肩を「よかった、よかった」といって叩いた。鈴木は、目頭を熱くして挨拶をした。

「日大藤沢高の監督として命を賭けて甲子園を狙います。日大藤沢高に骨を埋める覚悟でやります。私を見守っていてください……」

そういう鈴木に小林松三郎は、鈴木の肩に手をやって静かにいった。

「鈴木、焦るな。オレだってな、おまえたちを連れて初めて甲子園に行ったのは38歳のときだ。試合に負けても選手を怒るんじゃないぞ。選手と一緒に風呂に入ってな、背中を流してやるくらいの気持ちで指導しろ。おまえの背中を流したことがあるよな、鈴木……」

日大藤沢高野球部専任監督としての鈴木の月給は、税込みで24万円……だった。就任が決まった際、鈴木は〝総監督〟の妻に真顔で、再び頭を下げた。

「つづけて苦労をかけることになりました。総監督、今後もよろしくお願いします」

1年7か月の故郷小山市での監督浪人時代は、まさに妻がいった充電期間だった。この時期に〝鈴木野球〟は萌芽した。そして、一気に開花させる刻《とき》がくる。

名前も〝博〟から〝博識《ひろし》〟に改めた。

第四章「教本」

学法石川の柳沢総監督が倒れた

平成11年8月14日の午後4時過ぎだった。東京・世田谷区にある日大野球部合宿所の監督室に電話が入った。夏の甲子園大会を鈴木が、テレビ観戦をしているときだ。電話の主は、甲子園大会に出場している青森県代表の青森山田高監督の氏家則夫だった。

「鈴木さん、知っていますか？　学法石川の柳沢さんが、倒れたんだ。甲子園の応援席で倒れた。重体らしい……」

氏家の震える声に鈴木は、呆然として、受話器を持ったまま立ち上がった。本当ですか、嘘じゃないですか……。

翌15日付の報知新聞は「学法石川・柳沢総監督くも膜下出血で重体」の見出しで、次のように報じた。

〈学法石川の柳沢泰典総監督（54）が14日、甲子園球場で試合観戦中に倒れ、重体。救急車で西宮協立脳神経外科病院に運ばれた。診療の結果、くも膜下出血のため集中治療室で治療を受けている。柳沢総監督は第1試合の学法石川・岡山理大付戦をアルプス席で観戦。4回くらいに気分が悪くなり医務室に運ばれていた。球場では意識があったが、病院に着いたときには意識がなくなっていた〉

そして、9日後の8月24日付の同紙は、顔写真入りで「柳沢泰典氏死去」と報じた。

〈今夏の甲子園大会で応援中に倒れた福島県代表校、学法石川野球部の総監督、柳沢泰典（やなぎさわ・やすのり）氏が、22日午後5時58分、くも膜下出血のため入院先の兵庫県西宮市の病院で死去した。54歳。横浜市出身。

柳沢氏は日大卒業後、１９６７年、同高野球部監督に就任。春3回、夏8回とチームを甲子園常連校に育てあげた。14日、甲子園大会で学法石川と岡山理大付（岡山）の試合をアルプススタンドで応援中に倒れ、救急車で病院に運ばれていた。

通夜は24日、福島県石川町一ノ沢89の2の自宅で。柳沢家と学法石川高校の合同葬の日取りは未定。喪主は長男・典克（のりかつ）氏〉

8月24日夜、鈴木は、福島県石川郡石川町の柳沢監督の通夜に出向いた。弔問する鈴木に、柳沢監督夫人が涙声でいってきた。

「……いつも主人は、後輩の鈴木さんを立派な指導者だといっていました。鈴木さんと比べたら、自分は指導者として30年間、何をやってきたのかと……。鈴木さんのように教本を書きたい、違う高校の監督になって甲子園に行きたいと……。

鈴木さんからいただいた教本を、主人はいつも持ち歩いていました。応援のために宿泊していたホテルの部屋の机には、鈴木さんの教本と主人が書いたメモがありました……」

黙って鈴木は、頭を下げた。自然と涙が頬を伝った。涙が止まらなかった。柳沢の声が聞こえてきた。

鈴木、オレの野球は間違っていた、鈴木、オレもワープロを覚える、オレも教本を書く、オレ自身の教本をつくるぞ、鈴木……。

柳沢と鈴木が、初めて顔を合わせたのは昭和57年春だった。山形で開催された東北大会のときであり、当時、鈴木率いる青森商業と学法石川高が1回戦で対戦したのだ。

試合の結果は、青森商業のコールド負けだった。が、どうしても鈴木には解せなかった。柳沢の采配に疑問を抱いたのだ。ツーアウトで走者三塁の場面、青森商業のピンチのときだった。学法石川の監督柳沢は、打者にセーフティバントのサインを出し、結果、セーフティバントが成功。追加点を奪った。

ツーアウトからセーフティバント？　鈴木には理解できなかった。試合後に鈴木は、先輩の柳沢に疑問をぶつけた。

「教えてください。どうしてツーアウト三塁の場面で、セーフティバントでサードランナーがスタートを切るんですか？　それもサードランナーは、スクイズのようにバント処理をする三塁手よりも前を走り、ホームに突っ込んできましたね。私には理解できないんですよ。あれはサインですか？

先輩、ツーアウト三塁でセーフティバントは、十分に考えられます。私もやることがあります。

しかし、サードランナーが、あんなに突っ込んできたら……。もし、投手が投げた球がボールだったら、ランナーはどうするんですか？　サードランナーはアウトになります。私の考えは、間違っていますか？」

鈴木の疑問に対して柳沢は、こう答えた。

「それはな、長い期間監督をやってきた勘でわかるんだよ。当然、あれはオレのサインだ。あの場面で投手は、ストライクを投げるんだ」

この柳沢の科白に鈴木は、当然のごとく反論した。先輩を前に強くいった。

「それは、単なる監督の勘じゃないですか？　もし成功しても、私は理論的に納得できません。セーフティバントのサインを出したならば、サードランナーは、あわててホームに突っ込む必要はないのです。走る場合は、三塁手がバントの打球をファーストに送球するのを確認して、それから一気に走る。ファーストで打者がアウトになればチェンジ。セーフになればサードランナーは、ホームイン。得点することになります」

柳沢は、しつこくいってくる鈴木に対して、「この若僧め！」という表情をしていた。結局、このとき、柳沢からは鈴木が納得する答えは得られなかった。

その2年後だったと鈴木は、記憶している。再び東北大会で会った際、酒席で同じ話題をぶり返した。鈴木は、遠慮せずにいった。

「高校野球の監督は、セーフティバントで、よくスクイズをやりますよね。いわゆるセーフティスクイズをやる。しかし、私はやりません。セーフティバントによるスクイズなんて、野球のレベルが低いからできると思うんです。その証拠に大学も社会人もプロもやらない。成功する可能性が低いからやらないんじゃないですか。その点、高校野球にはいろんな監督がいますよね。独自の理論で独特の野球を展開する人がいます。野球に〝絶対〟はないですから、技術や理論を超えた情熱で指揮する者もいます。成功すれば、勝者となる。しかし、私はセーフティスクイズはやりません。スクイズは、あくまでも監督が決断して敢行するのです。選手に判断をゆだねるべきじゃないです……」

歯に衣着せない後輩鈴木の科白に柳沢は、鼻先で苦笑しながらいった。

「鈴木、おまえの理詰めの野球も大事だが、勘はもっと大事なんだ。オレのセーフティバントのサインは、間違っていなかったんだ。だから、おまえの青森商業に勝ったんだ」

以後、10年以上鈴木は、柳沢と会う機会はなかった。

文字にしておしえる理論の大切さがわかった

再び会うようになったのは、鈴木が日大野球部監督に就任してからだった。

平成10年春だった。前年の夏を最後に学法石川高野球部監督を辞任し、現場から離れて総監督になった柳沢は、たびたび母校日大のグラウンドに姿を見せていた。

そんな春の日の朝。合宿所に泊まった柳沢は、鈴木の顔を見るなりいってきた。手には『日大藤沢野球部教本』を持っていた。

「鈴木、失敬して読ませてもらったんだが、この教本、いいねえ。悪いけどこの教本、オレに一冊譲ってくれないか」

「そうですか。でも、そんなことだれでもやってることじゃないですか?」

それに対して柳沢は、頼み込むように頭をかきながらいってきた。

「いや、朝方まで読ませてもらったが、勉強になったよ。オレは、初めて気がついた。野球の指導は勘だけに頼っていてはいけない。文字にして教える、理論の大切さがわかったんだ。鈴木、頼むよ……」

鈴木は、マネージャーを呼んだ。いささかのためらいはあったが、教本をコピーするように命じた。柳沢は、自身をたしなめるような口調で、鈴木を前にいった。

「あのツーアウトからのセーフティバント、あれはオレの思いあがりだったな。勘に頼る野球だった。たまたま成功したんだなあ……」

その夜、福島県石川町の自宅に帰った柳沢は、鈴木に電話をかけてきた。

「鈴木、オレもワープロを覚えることにしたよ。オレだけしか書けない教本をつくるつもりだ。

おまえの教本を読んで、オレは、再び野球をやりたくなったよ……」

すでに記したように、鈴木の指導者としての基本、バイブルは、世界最古の兵法書『孫子』だ。それに倣って〝鈴木野球〟独自の指導書である『日大藤沢野球部教本』作成に取りかかるのは、監督就任3か月目あたりからだった。

日大藤沢高野球部監督に就任した鈴木は、約60名の部員全員に、それも平等に「考える野球」を浸透させなければならないと思った。それにはこれまでの経験を口にして、指導するだけでは効果はない。理路整然とした指導書をつくることがベストだと考えた。監督鈴木の指導理念、野球理論を文字に表わす。そうすれば、いつでも選手たちは監督鈴木の野球に直面してくれる。疑問を抱いたら考えてくれる。質問してくれるはずだ。指導書をつくろう……。

以上の理由で鈴木は、指導書『日大藤沢野球部教本』を上梓することにしたのだ。

鈴木は、練習後、アパートに戻ると毎晩遅くまでワープロを前にした。呪文を唱えるように、呟《つぶや》きながら打った。

「日藤《にちふじ》の選手は頭を使ってくれる……。考える野球をする……。青森とは違うぞ……」

就任直後のある日だった。ミーティングを教室で開いた。そのとき鈴木は、選手たちに質問をした。

「たとえばだぞ、1回表で日藤攻撃。先頭打者が三塁打を決めた。次は2番打者だよな。この場面で監督のオレは、どんな策を2番打者に与えると思う？ ノーアウト三塁だ。さあ、どうする？」

選手たちは考える。1分も経たないうちにつぎつぎといってきた。

「ボクは、右方向に打って走者を返します」

試合や練習で堅実なプレーをする選手は、そういった。次に打撃に自信のある選手は、強くいった。

「いや、ボクは、左打ちだから引っ張るバッティングをします。ライト方向に強い打球をとばします」

よく野球に関する本を読んでいた選手は、ためらわずいってきた。

「ボクの場合は、深い外野フライを打つように心掛け、タッチアップでサードランナーをホームインさせます」

選手たちを見て、鈴木は頷いた。そこで次にこう質問してみた。

「じゃあ、サード方向に打っちゃ駄目なのか？」

即座に最前列にいた3年生選手がいった。

「ハイ。駄目です」

その声に同調するように選手の多くが、オレたちの監督は何をいってんの、といった表情をした。鈴木は、つづけた。

「なんでサード方向に打っちゃ駄目なんだ。三塁走者がホームに突っ込めないからなのか？　ま、そうだよな。三塁走者は、怖くて動けないよな。でもな、オレの野球は違うぞ。サードゴロでも、レフトへの浅いフライでもＯＫだぞ」

すると選手たちは「エーッ！」という声を発し、驚いた顔を見せた。教室がざわついた。

「監督、それは違うと思います。そんなセオリーはないと思います。間違いです」

3年生のレギュラー選手がいった。この時点で監督鈴木は「しめた！」と思った。選手が監督にくらいついてきたのだ。確かな手応えを感じた。鈴木は、次なる質問を浴びせた。

「おまえら、野球で一番やりたいことはなんだ？　打者で一番スッキリするのはなんだかわかるか？」

教室内に沈黙が流れた。選手たちは考えている。鈴木は、目の前の主力打者を指さして聞いた。

「何をやりたいんだ？　素直にいえばいいんだぞ」

主力打者は、戸惑いがちにいった。

「それは、やっぱりホームランを打ちたいです……」

鈴木は、大声を張りあげた。

「その通りだぞ。オレたち野球をやっている者全員が、ホームランをかっとばしたいんだ。そうだろう？　じゃあ、右バッターならどこに打ちたいんだ？　ライト方向か？　センター方向か？　違うよな。レフトスタンドにとばしたいよな。思いきり引っ張って、レフトスタンドじゃないのか。テクニックを使って、ライト方向に打ちたいんじゃないよな。

つまりな、思いきりバットを振った結果、サードゴロでも浅いレフトフライでもいいんだ。あのなあ、間違っても、この場面で『監督はスクイズをやる』なんて思うなよ。プレーボール、立ちあがりの1点は、たしかに大事だ。先取点をいち早く取るのは重要だが、野球は9回だ。9回の攻撃を考えてやることだ」

そして、こう付け加えた。

「ただし、野球は移り変わる状況の判断と個人プレーの集合体だ。だから、中盤、終盤では違う考えをしなければならない。とくに終盤では、得点に結びつく確率の高い戦法を取らなければ、勝利をものにすることはできないぞ」

初めてここで選手たちは、お互いの顔を見合わせて頷いた。さらにミーティングをつづけた。

再び鈴木は、選手に質問した。

「たとえばの話だぞ。夏の甲子園の神奈川県予選の準決勝だ。ノーシードから日藤が勝ちあがってきたとする。相手チームは、名門の横浜高で9回表だ。日藤は5対0とリードし、ワンアウト三塁でチャンスの場面だ。監督のオレは、どんな策を出す？」

あっさりと主力選手は、いってきた。

「監督、監督の説明では次のバッターが、何番打者かわかりません。しかし、何番バッターでも思いきり打たせると思います」

鈴木は、苦笑した。

「そうだな。何番バッターかいわなかったよな。おまえに一本とられたよ。ま、早い話が、何番でもいいんだが、監督のオレは、5対0とリードしていてもな、ここでスクイズのサインを出すこともあるぞ」

再び選手から「エーッ！」という声が出た。鈴木は説明した。

「たしかに納得いかないよな。5対0で試合は99・9パーセント決まっているんだからな。でもな、監督のオレは、ここで明日の決勝のことを考えるわけだ。つまり、決勝戦を考えてスクイズをさせる。実戦でスクイズの練習をさせる。だから、スクイズのサインを出すこともあるんだぞ」

鈴木は、つづけた。強い口調でいった。

「あのな、野球には〝絶対〟はない。作戦においてもセオリーはあるが、絶対とはいえない。セオリーっていうのは、辞書を引けば〝理論〟とか〝学説〟の意味だと出ている。よく『あの監督はセオリーを無視したサインを出す』なんていう。しかし、それはあくまでも第三者、他人が勝手にいうことなんだ。本当のセオリーっていうのは、あくまでも監督と選手の約束ごとだ。オレは、約束を無視した策は出さない。オレは、絶対に『黙ってオレについてこい！』といった指導方法はとらない。どんな策でもあらかじめ練習でやる。確認してからでないと試合ではやらない。第三者が奇策だと決めつけても、オレと選手の関係ではセオリーだ。練習でやってないことを試合ではやらせない。それがセオリーだ」

口角泡をとばさんばかりにしゃべる監督鈴木に、選手全員が納得顔を見せた。

『日大藤沢野球部教本』の原稿をワープロで打ち終えたのは、翌昭和63年初春。半年が費やされた。

「鈴木野球」の兵法書が完成

その原稿を野球部長の武藤周二（現日大藤沢高監督）とマネージャーたちが、丸2日間かけ、学校の印刷機を借りて印刷、製本した。武藤は、教本を手渡したときの選手たちの驚いた顔を忘れない。

オレたちの監督、本も書くんだぜ――。

以来、選手たちは『日大藤沢野球部教本』を〝教本〟もしくは〝100か条〟と呼ぶようになる。

私の手元には、鈴木にもらったコピーされたB5判サイズの教本がある。400字詰め原稿用紙に換算すると、軽く300枚は超えていた。100ページに及び、厚さは1・5センチ。ずっしりと重みがある。

私は、読んだ。ゆっくりと黙読した。たっぷり5時間ほどかかった。読み進めるうちに、私の脳裏にさまざまな試合のシーンが浮かんできた。野球を専門的にやった者でなくても理解できる。自分も一人前の選手になれる、そう思わせる教本だ。

まさに〝鈴木野球〟の兵法書である。

『日大藤沢野球部教本』は、冒頭に「日大藤沢野球部教訓」が書かれている〈練習に臨む心構え〉から始まり〈知っておきたい野球規則〉とつづいている。

そして、〝鈴木野球〟の核となる〈ゲームに臨むための心構え〉は、第1条から第103条まである。全100ページ中、ほぼ半分の43ページを割いている。わかりやすい文章で、微に入り細をうがつほど具体的に解説してある。

さらに37種類の〈フォーメーション〉〈牽制〉〈バントシフト〉が、選手の動きがわかる図版入りで解説。こちらの方も36ページほど割いている。あの対横浜高戦での〝5人内野シフト〟の奇策は、ここに収められていた。

〝鈴木野球〟を教本の〈ゲームに臨むための心構え〉から抜粋してみる。

・**第4条**（全員編）＝ルール知識を豊富にする（ルールを知らないチームは、勝っているゲームをも落とす）……野球の試合は、複雑で多様なルールの下で審判員の裁定でゲームが進行する。審判員も人間であるため、ときには誤審をする。この誤審についてはとやかくいえるものではないが、野球にはアピール権（守備側にあるもので攻撃側にはない）がある。そのうちアピール権（①リタッチが早い　②触塁を怠る　③帰塁が遅い—オーバーラン　④打順を誤る　⑤本塁ベースを触れそこなう）やボール・イン・プレー、ボール・デッドの誤りなどでゲームを落とす場合がある。わがチームは、絶対に避けなければならない。

高校野球の場合、アピールや抗議は、そのチームの主将か当事者に限られている。ベンチにいる監督は、間接的にしかできないため、選手ひとりひとりがルールを熟知しておくことだ。

・**第7条**（全員編）＝ゲーム前のシート・ノックは、全力を傾注しておこなう（シート・ノックもゲームの一部である）……シート・ノックは、ゲーム前の緊張をほぐしたり、球場に慣れたり、自分のプレーを確認するうえで大変役に立つ。また、相手チームへの〝挨拶代わり〟であるから全力でプレーすることがマナーでもあるし、相手を圧倒することにもなるからできるだけ大声を出す。先んずればすべてを制す。

・**第35条**（投手編）＝投球後の投手は、5番目の内野手である（フィールディングの良し悪しは投球内容を左右する）……投手も内野手のひとりである。フィールディングの〝好〟〝拙〟は、投球リズムや投球パターンを変えてしまう。当然、うまければピンチを未然に防げるし、拙ければ自分をピンチに導くばかりでなく、野手への影響も出てくる。投手のフィールディングは、投球後の姿勢（バランス）がかなり影響してくるため、練習時から投球後の姿勢（いつでもスタートを切れる体勢）をよくすることを心掛けることだ。つまり、相手の攻撃に対し、どのような戦法をとられてもスタートよくダッシュして打球を処理すること。

フィールディングの〝好〟〝拙〟は、生まれながらのものもあるが、ほとんどは練習量からくる。フィールディングは、練習をすればするほどうまくなる。投手は、フィールディングの練習をおろそかにするため、毎日、練習をする時間をつくることだ。とくにアンダースローの投手や左投げ投手は、たくさん練習すべき。なぜならアンダースローの投手や左投げ投手は、バント攻撃や足を使った攻撃によってリズムを崩されてしまうからだ。

・第41条（投手編）＝2－0のカウントからは決して好球を投げない（ボールを投げろというのではなく、勝負を急いではならないということだ）……2－0のカウントは、投手が絶対的に優位にいるが、まだ、その打席での勝負が決着したわけではない。あくまでも優位な立場にあるだけで、2－0のカウントからは決して好球を投げてはならない。なぜなら、打者は窮地に追い込まれているのだから、ストライクゾーンを広くし、少々のボールの球でも積極的に手を出してくる。ところが、投手とは、こんなときに「3球」でズバッと勝負してみたくなる。あるいは「早く」

打ち取ってしまいたい気持ちになる。そこに落とし穴がある。こういうときは、えてして「力み」が出て、自分の狙ったコースよりもボール1個分ほど中に入り、ボール1個分ほど高目に浮いてしまう。当然、痛打されることが多い。投手は「ボールの球を3つ投げられるんだ」ということを忘れないこと。勝負を急ぎコントロールミスをしないことだ。

私たちは、ストライクをいつでも投げられるのがコントロールのよい投手と思いがちだ。が、本当にコントロールのよい投手とは、ストライクとボールの球を自由自在に投げ分けることができる投手をいう。

スクイズは攻撃側の監督にとって勇気がいる

・第57条（捕手編）＝スクイズプレーが予想されるとき、必ずタイムを取り、内野手を集め、まず相手のベンチを伺い、次に相手の走者に目をやる。そして、自チームのベンチの指示、作戦を徹底してから守りにつくこと……スクイズは、攻撃側の監督にとって、とても勇気のいる作戦だ。ひとつの犠牲バントで1点を奪えるか否かの「勝負」なのである。決まれば得点になるし、失敗すればせっかく三塁まで走者を進めておきながら一瞬にしてチャンスをふいにしてしまう。

スクイズは、無死または1死で走者が三塁にいるときに敢行するのだから、守備側は警戒してくる。その中で行うのであるから相手チームの監督との「読み比べ」や「だまし合い」で勝敗が決まるため、攻撃側の監督にとって勇気のいる積極的な作戦だ。スクイズをやろうとするときの監督は「何球目にやるか」を考える。そのとき守備側が「警戒しているぞ」の態度を攻撃側の監督やベンチに見せることは、相手の監督の「決断」を鈍らせ、失敗に導くことにつながる。この動作は、攻撃側に対する警戒を表す。もちろん、これだけではスクイズは防げない。が、こういった「相手に考えさせる」「簡単にやらせせないぞ」という動作は、攻撃側にミスを誘発させ、「ピンチ」を逃れることにつながってくるのである。

・第58条（捕手編）＝走者なしの場合は、投手の投球インターバルを極力短くする……「攻撃の時間はより長く、守備の時間はより短く」が、試合運びの理想である。投手は、走者がいない場合は、それだけ打者に対して気持ちを集中させることができる。ということは、それだけ投手のペースで投げている（チェンジ・オブ・ペース）ということである。だから、やたらと投球インターバルを長くすることはない。むしろできるだけ短くし、打者に考える時間を与えないことだ。

そして、早くその打者を追い込んでしまうことが、投手の投球を優位なものにする。また、投球インターバルが短く、ストライクが先行しているときは野手はとても守りやすいものだ。このような投球リズムを生み出すのは、投手と捕手の共同作業であり、いわゆるバッテリーの〝呼吸〟ということになる。

・第63条（内野手編）＝すべてのカット・オフ・プレー、またはカット・オフ・リレーでは、外野手の返球に対してカットマンは、素早く正しい位置に入らなければならない……内野手は、外野にとんだすべての打球（走者がいるいないにかかわらず）に対して、自分の判断と、捕手あるいは近くにいる野手の指示によって外野手の返球に対して素早く正しい位置に入らなければならない。

では、ここでいう素早く正しい位置とは、どこになるのか。それはまず、打球のとんだ位置（深いか浅いか）と、外野手の肩（強弱）、そして、自分の肩と、そして、試合の進行状況（得点差、イニング、アウトカウント）と相手走者の足によって決まる。打球のクッション、外野手の捕球体勢などによってはさらに深く入らなければならない。カット・オフ・プレーでは、外野手の素早い返球→カットマンの捕球→素早い返球が、走者をより少ない塁にとどめることになる。よってカットマンの役割は非常に重要であり、その後の試合の流れを左右する。近代野球では、カットマン（主に二塁手と遊撃手）の動作と肩の強さが、チームの運命を握っているといっても過言ではない。

・第70条（内野手編）＝アウトを取った後のボール廻しは元気よく、リズミカルに、思い切り送球しよう……私たちは、アウトを取った後のボール廻しに対して単なる形式ととらえがちだ。雑に投げたり、雑に捕球したりしてはいないだろうか。大きな間違いだ。ボール廻しは、立派なプレーのひとつである。では、このボール廻しは、何のためにするのか。

どうか。

①前のプレーに対する反省・チェック↓スローイング、捕球、ステップなど正しくできていたか

②次のプレーへの準備↓スローイング、捕球、ステップなどきちんとやろうとする気持ちを持つ。

③お互いに元気を出して守ろうという野手間の気持ちの連携などをそれぞれ確認するためにある。

④リズムを持ってやることが大切である。

ボール廻しをいいかげんにやっては駄目だ。

・第71条（外野手編）＝自分のまわりの野手を常にバックアップし、決して後逸しないこと（外野手はグラウンドに立ったなら見物人になるな）……「自分の後ろにはだれも守っていない」という意識を持ち、外野にとんできた球は絶対に後逸しないこと。また、内野に転がった打球でも「内野手が捕るんだ」、あるいは、ピック・オフ・プレーや牽制などでも「暴投はしない」と勝手に決めつけないこと。野球の試合は、ボールが外野にあっていいことは何ひとつない。一番安全なのは、投手がボールを所持しているときだ。

つまり、野手をバックアップしながらボールがきたら、できるだけ早く内野に戻すことを心掛けなければならない。外野手が一試合で打球を追いかけるのは内野手に比べて少ない。しかし、バックアップやカバーリングの機会は非常に多い。外野手のバックアップの悪さで失点されては駄目だ。外野手は見物人になってはいけない。

・**第74条**（外野手編）＝走者なしの場合や、相手を大きく引き離しているとき、自分の前への打球に対して深追い（突っ込み過ぎ）して、長打（後逸）にしない。守備範囲を広くして守るのが鉄則。当然、深めに守る。単打をなくすのではなく、長打を防ぐこと。とっさに「捕れる」と判断して、突っ込み過ぎた場合、ファインプレーになればいいのだが、捕れなかったときはどうなるか。長打となってピンチをつくってしまう。打球処理に冒険をしないこと。要するに相手にワンアウト三塁、ツーアウト二塁の形をつくらせないことだ。

「そんな消極的な考えでは駄目だ。思いきり突っ込め。捕れるぞ」といいたくなるかもしれないが、これは結果論ではない。外野手は、練習で自分の守備範囲を十分に把握しておかなければならない。当然、ダイビングキャッチやスライディングキャッチの練習もしなければならない。しかし、勝負時以外のケースでは、ダイビングキャッチやスライディングキャッチなど危険(後逸)を伴うプレーはやる必要がない。それよりシングルヒットで止めておいて、次の打者を全力で打ち取ることの方がベターなのである。一塁に止めておけば、併殺、封殺などのプレーが生まれてくる。勝負時でも何でもないときに打球をみすみす長打にすることはないのである。高校野球の場合、このへんが美化されているようだが、日藤野球部はやらない。

・**第81条**（攻撃編）＝先頭打者が初球を打って凡退したなら、次打者はファースト・ストライクは打たない。そして、前の2人の打者が早いカウント（先頭打者初球、次打者1―0、1―1）

で凡退したなら、次の打者は考えて打席に立つこと……投手が完投するには平均１２０球から１４０球は投げる。相手投手がこれ以下の投球数であれば、そのゲームは相手のペースである。これを１イニングの平均にすると13から15球だ。つまり、チャンスのときは相手投手に、15球以上投げさせなくてはならない。だから、早打ちをくり返していれば、決して相手投手を苦しめることはできない。相手投手がどんどんストライクを投げ込み、１イニングを15球以内で終わることも考えられるため、１球でも多く投球させることは重要なことだ。ただし、勝負のイニングでは、3球でスリーアウトでもよい。この場合は、監督から指示をだす。

・**第82条**（攻撃編）＝併殺を喫した後の次打者は、いかなる場合も初球は打たない（2球チェンジは最悪）……併殺を喫した後に次打者が打席に入る。つまり、2死にもかかわらず走者がいる場合は、明らかに得点への足掛かりとなっている。要するに、まだチャンスが残されている。こんなとき次打者が初球を打って、チェンジ（2球で天国から地獄となる）ともなれば相手は「助かった」と思うばかりでなく、次の攻撃に「勢い」をつけてしまう。「攻撃はより長く、守りはより短く」が試合の鉄則。併殺を喫した後の次打者は、いかなる場合でも初球は打たない。

・**第94条**（走者編）＝外野にヒットを放ったら、ひとつでも先の塁を狙った走塁をすること……長打コースにヒットを打ったときはだれでも一生懸命に走る。が、単打のときは「決めつけ」て走っている走者を見かける。これでは相手のスキにつけ込むことはできない。走塁は一瞬の判断によるものが多い。だから、相手外野手の怠慢な返球、返球ミスに乗じて次の塁を奪うことをたえず「狙う」ことが大切だ。それには、帰塁の際に「ゆっくり」戻れるような離塁ではいけない。めいっぱいの離塁が必要である。そうすることが相手を威圧することになる。走者なしでフライを打った場合でも、すべて二塁まで走ることだ。

・第100条（走者編）＝三塁線、三遊間へ打球をとばしたとき、決して打球を見ながら走ってはならない。打者は、自分の打球を自分の目で判断して走るが、ショートより左の打球とライト線方向への打球は、コーチャーの指示を優先したい。自分で判断せずにコーチャーに任せ、その指示に従う……打者は、自分が打った打球を見る習性がある。だから、「見るな」といっても見てしまうものだ。しかし、三塁線や三遊間への打球をとばした場合は、決して打球を見て走ってはいけない。弱い当たりの内野への打球は、一瞬の差でアウト・セーフとなってくるし、強い当たりの打球をとばして外野に抜けた（レフト線）とすれば、二塁打となる。そのとき、打球を見ながら走っていたのでは十分なスピードは得られない。ここは一塁コーチャーの指示に従い、全力で一塁まで走り抜けるか、レフト線への打球には一塁ベース付近でスピードを落とすことなく、そのまま二塁に駆け込むことだ。三塁線、三遊間へ打球をとばしたときは、決して打球を見て走っては駄目だ。

『日大藤沢野球部教本』を選手全員に配った後、鈴木は、徹底的にミーティングをくり返した。当時の野球部長の武藤周二によれば、長いときでミーティングは3時間にも及んだという。休日は、午前中にミーティング、午後からはグラウンドで実戦練習をした。

あの〝5人内野シフト〟は図版入りで解説

ちなみにあの〝5人内野シフト〟の奇策は、〈フォーメーション〉の第36条に図版入りで解説されていた。抜粋してみる。

・**第36条**（フォーメーション）＝9回裏、もしくは延長戦に入ったときの守備（1打サヨナラのケース）で、内野6人（投手を含めて）外野2人での守備態勢。1点もやれないスクイズ、内野ゴロに備える（外野にとばされたら仕方がない……）①（投手）は、走者に注意しながら投球する②（捕手）は、投手に1球ごと牽制させながらリードする。③（一塁手）は、スクイズに備え、バントをされたらホームで三塁走者を刺せる位置に守る（強いライナーやゴロに注意する）④（二塁手）は、ゲッツー態勢の位置で守る　⑤（三塁手）は、三塁ベースについて走者のリードをできるだけ少なくさせ、同時に線上の打球を抜かせない　⑥（ショート）は、ゲッツー態勢の位置よりやや二塁ベースよりに守る　⑦（レフト）は、ホームベースと三塁、投手の中間点に守り、スクイズに備える（強いライナー、ゴロには慣れていないため恐怖感はあるが、そんなことはいってられない）⑧（センター）は、左中間のホームで刺せる位置に守る。⑨（ライト）は、右中間のホームで刺せる位置に守る――

以上のように解説してあったが、教本を見た選手たちはすぐには理解しなかった。鈴木に詳しい説明を求めてきた。さっそく鈴木はミーティングを開いた。

「あのな、野球には絶対に防げないヒットがある。それは、空間をとんでいるヒットだ。ホームランや左中間、右中間へのヒットって防げないよな。ただし、地面を転がる打球は防ぐこともできるんだ。

その昔、〝王シフト〟というのがあった。あれはな、いくら王選手がヒット性の打球を打っても、そこに野手がいれば捕球することができる。常識を破ったところで守らせたために〝王シフト〟と呼ばれたんだぞ。じゃあ、オレは、おまえたちに質問するぞ。長打になる打球を打たれた場合、防ぐこともできる。野球には、考え方ひとつで絶対に防げる長打がある。空間をとんでくる打球を外野手が深く守って捕球するのは、だれにだってできる。しかし、これとて絶対ではない。絶対に防げるのだ。それはどこだ。どうすればいいんだ？」

鈴木の質問に対して選手たちは、真剣に考える。ある者は、ノートに守備位置の図を書く。考え込む。……主力選手のひとりが手をあげていってきた。

「監督、一塁、三塁線は、ベース寄りに守れば長打にならないと思います。防げます」

鈴木は、大声を出した。

「よーし、よく気がついた。その通りだ。オレは、教本の中で相手チームに3点差以上つけたときは、一塁と三塁線を固めろと書いたよな。なんでだと思う？　一、三塁線を抜かれる長打が一番怖いからだぞ。しかし、長打の中で防げるのが、一、三塁線への打球なんだ。だから一、三塁線を固めるんだ。そこから〝5人内野シフト〟が考えられたわけだぞ。わかったか」

そして、いつものように念を押すように鈴木は強調した。

「この〝5人内野シフト〟は、ひとつの奇策だよな。でも、練習しているオレたちにとっては、奇策ではない。相手にとっては奇策でも、日藤の選手にとってはセオリーだぞ」

鈴木は選手全員に〝野球ノート〟を用意させた。試合や練習、ミーティングだけに限らず、学校内でのできごと、私生活でのことまでなんでも思ったことを書かせた。鈴木は、ひとりひとりの〝野球ノート〟を読み、赤ペンでアドバイスを記した。

1年、2年と経つうちに教本は、選手全員の頭の中に叩き込まれた。練習前のこんなシーンもあった。監督の鈴木が、選手を前にいう。

「よーし、練習前にチェックするぞお。教本の〝日大藤沢野球部訓〟だ。〈〝気〟を持って練習に臨む〉って。そうオレは書ているよな。その〝気〟ってなんなんだ？　金子、いえるか？　いってみろ」

「ハイ、監督。〝気〟っていうのは、まず大事なのが〝やる気〟であり、次に〝元気〟〝根気〟〝意気〟〝勇気〟〝気魄〟……。それに〝気合〟に〝気力〟なども大事です。そういった気持ちで練習に臨めば、集中力を生み出します」

金子は、すらすらと諳《そら》んじた。〝日大藤沢野球部訓〟を大声でいった。鈴木は、誉めあげた。

「金子、いいじゃないか。その〝気〟で練習をすれば、セカンドのレギュラーの座ももうすぐ獲れると思う。頑張るんだぞ」

それに対して金子は、鈴木に冗談をとばしてきた。

「わかりました。監督、ボクはきょうから3つの気概を持って頑張ります。ひとつ〝やる気〟、ふたつ〝元気〟、みっつめは、西城秀樹でーす。みんなガンバロー！」

選手全員が笑い転げた。鈴木も負けじと冗談で応じた。

「金子、おまえは、やっぱり、レギュラーは無理だな。卒業したら吉本に売りとばすことにする。文句はねえよなあ」

選手から教わるんだ　主役は選手なんだぞ

『日大藤沢野球部教本』は、選手たちにとってバイブルとなった。選手の中には、ベルトの後ろに教本を突っ込んで練習する者もいた。毎年春、新入部員が入ってくると、監督鈴木に代わって上級生が教え込んだ。

「フォーメーション10番の練習をするぞお！」

上級生が大声を出す。選手は動く。迷っている下級生がいると、檄をとばす。

「走者一塁、レフト線に長打を打たれた場合のフォーメーションだぞ。覚えなきゃ日藤の選手じゃないぞお！」

そんな光景を見て、鈴木は満足した。

就任して2年目、平成元年2月に現在の日大野球部コーチの五十嵐康朗が、コーチ修業のために日大藤沢野球部にやってくる。五十嵐は、当時を私に語った。

「練習に参加した日、初日ですよ。驚きました。選手たちは、後ろのポケットに片手を入れてシングルハンドでの守備の練習をしていた。私が大学でやっていたときよりもレベルが高い。恥かしい話ですが、2日目に私は、トンズラしたんです。教えることは何もないということで……。そしたら1週間後、鈴木さんから電話が入って叱られた。『おまえは、大馬鹿者だ。大学を出たからといって、すぐに教えられると思うか。オレもおまえも選手から教わるんだ。主役は選手なんだぞ！』ってね。それで戻ったんです」

中島千秋に会った。平成10年春に日大を卒業した中島は、日大藤沢高時代から5年間、〝鈴木野球〟に触れている。投手だった中島は、私にいった。

「中学時代までは、身体で覚える野球をやっていた。たとえば、テレビで巨人の桑田の投球フォームを見て、身体で覚える。ところが、日藤に入って頭でやる野球を知ったんです」

中島は〝頭でやる野球〟を強調した。印象に残っている練習は「オルストン・シフトでした」といった。オルストン・シフトとは、鈴木が中学時代に熟読した『ドジャースの戦法』で紹介されているバントシフトのフォーメーションのひとつである。

私は、あえて説明を求めた。中島は、すらすらと諳んじるようにいった。

「ノーアウト一、二塁の場面で、相手打者はバントをしてくる。そのとき必ず三塁で二塁走者を刺すフォーメーションが、オルストン・シフトです。投手は、ショートの掛け声を合図に投球フォームに入る。このときは必ずストライクを投手は投げる。それもできるだけ三塁方向にしか打てない球を投げる。そして、投球と同時に投手は、ホームベース方向にダッシュし、自分が処理する。できないときは、他の野手に指示を与える……」

中島の説明は、教本通りだった。

取材後、社会人1年生の中島は、丁寧に頭を下げ、私を直視していった。

「〝鈴木野球〟で学んだことは、私の財産です。礼儀や言葉遣いも教わりました。よく鈴木監督は『自分から野球を引いたらゼロの人間にはなるな！』といっていました」

別れ際、中島は、もう一度頭を下げた。清々しさを感じさせる所作であった。

第五章 「野球教室」

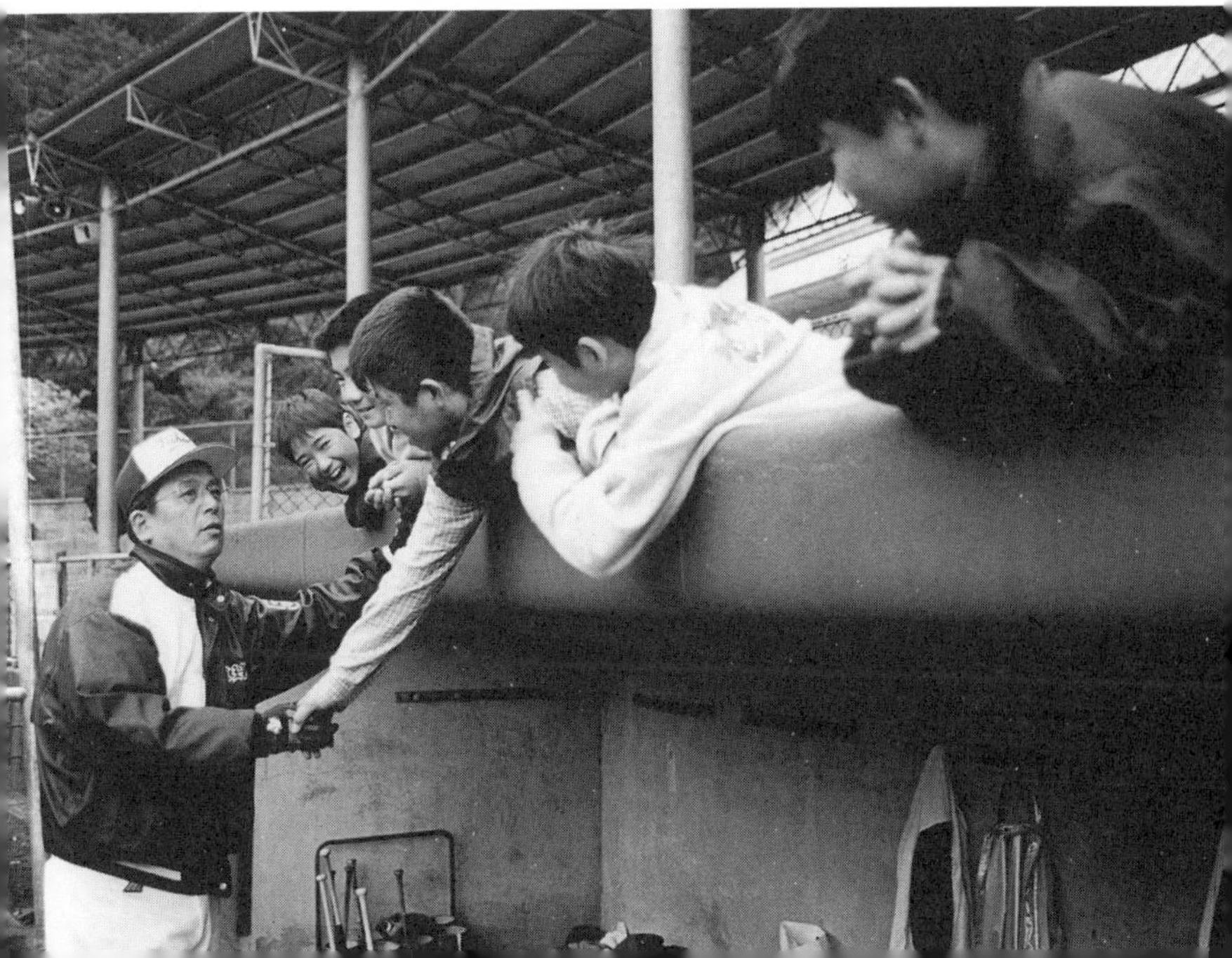

音楽教室のあとは野球教室

日大藤沢高野球部監督時代の鈴木は、野球のすべてを、知っていることは余すことなく選手たちに教え込んだ。雨で練習ができない日は、教室でミーティングをする。選手全員にルールブックを持たせ、解説する。選手時代の体験談も語った。

私にも何度か〝野球教室〟を開いてくれた。

私は、たびたび鈴木と丸一日を過ごすことがあった。練習後、監督室で一緒に食事をする。そんなときだ。食事を終えると鈴木は、親しみのこもった笑顔を向けていってくる。

「〝音楽教室〟でも始めましょうか?」

監督室の片隅に置いてあるギターを取り出し、弾き始める。『みかんの花咲くころ』『野に咲く花のように』『アルハムブラの想い出』『禁じられた遊び』……。鈴木の趣味と特技はギターを弾くことだ。中学時代からギターに親しんでいる。弾きながら鈴木は、私にいってくる。

「岡さん、雪が溶けたら何になりますか? まさか水になる、なんてね。そうは答えないでしょうね。雪が溶けたら、春になるんですよね。春になる、と答える人は、創造性が豊かなんです。ギターも同じですよね。弾いていると、右脳が刺激されて創造性を高めるんですよ……」

そういって鈴木は、つぎつぎと得意な曲を披露してくれる。小一時間は弾いている。そして、黙って聴き入る私を前に、顔をあげていってくるのだ。

「岡さん、音楽教室はこれくらいにして、野球教室を始めますか。簡単なルールからいきますよ。たとえば、私のチームが守備のときですよ。一塁手が、ファウルフライを追った。で、私のチームのベンチ内に入って捕球した。さて岡さん、この場合は、ボールデッドになりますか？　それともインプレー？」

この程度のルールなら、私にだってわかる。

「えーと、ベンチ内でも一塁手が、ちゃんと捕球をした場合はインプレー。ただし、ひっくり返ってしまったらボールデッド、だと思いますが」

「ピンポーン。当っていますね。じゃあ、再び私のチームが守備の場合ですよ。センター方向にホームラン性のフライがとんだ。センターの選手が追った。フェンスによじのぼり、捕球した。ところが、勢い余って選手は、観客席の方にひっくり返った。ボールをしっかりと捕球したままですよ。さあ、ジャッジはどうなりますか？」

「もちろん、ホームランになりますよね……」

戸惑いがちにいう私を、鈴木は笑う。

「ブッブー。岡さん、ホームランじゃないですよ。アウトです。センターのファインプレーですよ。青森時代のとき、ホームランとジャッジして笑い者になった審判がいましたねえ。アウトですよ」

苦笑しつつ鈴木は「今度は超Aランクのルール問題ですよ」と前置きし、さらにつづける。

「たとえば、ワンアウト一、三塁の場面。スクイズをやった。一塁方向に小フライとなり、一塁手が捕球した。そのまま三塁に投げてもアウト。ここでチェンジなんですが、たとえば、一塁手が捕球したときに、一塁走者がとび出していれば、一塁ベースを踏んでもアウト。ただし、一塁ベースを踏む前に、三塁走者がホームベースをかけ抜けていれば、得点になりますね。岡さん、わかりますよね」

一応、私は頷く。鈴木は説明をつづける。

「ところが、ホームインして得点した三塁走者をアウトにすることができるんですね。ルールを知っている一塁手であれば、一塁ベースを踏んだ後に、三塁に投げる。その場合、三塁走者はアウトになり、得点は認められないんですね。これが、〝第3アウト〟なんです。つまり、一塁ベースを踏んだときのアウトと、三塁ベースを踏んだときのアウトを入れ替えることができる。たしか巨人の一塁手だった山本功児、現在のロッテ監督の山本功児が、広島戦のときでしたね。一塁ベースを踏んだ時点で、スリーアウトだと勝手に思い込んでベンチに帰り、得点を許してしまった。日藤の選手に、このルールを説明したら、ある選手はいっていましたね。『監督、マンガの〝ドカベン〟に出ていました』ってね」

どんな些細《ささい》なことでも、鈴木は選手に教え込んだ。まだ一度も甲子園の土を踏んだことのない日大藤沢野球部を強くするんだ、そう考えた。

鈴木は、選手を率いて母校日大のグラウンドや神宮球場にも足を運んだ。レベルの高い大学野球の練習や試合を見せた。自ら解説者になり、選手たちに観客席で野球教室を開くのだった。

たとえば、神宮球場に東都大学野球リーグ戦を観に行く。試合前のノックが始まる。鈴木は、グラウンド方向に指を差していう。

「よく見ろよ。あの監督の外野へのノックは、必ずツーバウンドで捕球できるように打っているよな。それも膝上で捕球できるノックだ。なんであいった捕球しやすいノックをしているかわかるか？　試合前だからだぞ。選手に気分よく試合に臨ませるためなんだ。つまり、監督というのは、そこまで選手のことを考えてノックをしているんだ。単にノックしているんじゃないんだ。監督は、実は優しい心の持ち主なんだ。考えているんだぞ」

選手たちは鈴木の説明に、苦笑いを見せつつも頷く。

試合が始まる。たとえば、打者がセカンド後方へのフライを打ち上げる。鈴木は、席から立ち上がって解説する。

「ああいったフライを監督のオレは〝トライアングルフライ〟と呼んでる。セカンドとショート、センターの三角形の中間へのフライだから〝トライアングルフライ〟なんだ。ああいったフライを捕球するときは、必ず声を出し合い、捕球する選手を、とっさの判断で決めるんだぞ。そうしないと、選手同士がぶつかる。引っくり返ったりしてケガをするんだ。とくにショートやセカンドが捕球する場合は、センターが声を出す。後ろの選手の声は〝神の声〟なんだぞ。わかったな。神の声だぞ」

試合は延長戦にもつれ込む。試合時間も3時間を超えている。そんなときに鈴木は、次のようなことをいった。

「はっきりいって、この試合は最悪だよな。よーく選手のプレー態度を見てみろ。やる気が少しも感じられない。だいたい両チームとも攻守交代が遅い。監督のオレは、いっつもいってるよな。足を使え、野球は足だぞ、ってな。足を使えっていうのは、プレーのときだけじゃないんだ。攻守交代のときも同じだ。スピーディにやれば、試合に3時間以上もかかるはずはないんだぞ。

野球選手にとって足は大事だ。広島の衣笠を見てみろ。足をケガしなかったから2215試合連続出場の大記録を残せたんだ。肋骨を折っても試合には出れる。しかし、足をケガしたら終わりだ。出れないぞ。野球は足なんだ。重要だぞ」

鈴木は、さらにつづけていう。

「あのな、もうすぐ日が暮れる。でもな、大学野球も社会人野球も、なかなか照明灯をつけない。なんでかわかるか？　神宮の照明灯は、1時間につき30万円ほどかかるらしいぞ。もったいないよな。だから、多少暗くなっても、関係者は照明灯をつけさせないんだ。つまりな、だらだらとしたプレーをやっていると、大会を運営している関係者にも、迷惑をかけるんだぞ……」

選手たちは、鈴木を〝野球博士〟と呼んでいた。

平成2年の5月ごろだったと思う。初めて日大藤沢高が、春の甲子園センバツ大会に出場を果たした後だった。日大藤沢高のグラウンドを訪ねた私に鈴木は、こういった。

「甲子園で優勝できなかったため、別に負け惜しみでいうわけじゃないんですけどね。なぜか思うんですね。『甲子園って小さいなあ』って。『甲子園出場だけが、高校野球じゃないぞ』ってね。そう思うようになってきたんです。

もちろん、岡さん、高校野球にとって甲子園出場は、大目標であり、夢です。それも事実です。しかし、もっと大事なことがあるんじゃないかって。……いろいろと考えました。そして、結論を出したんです。どんな結論だと思いますか？」

基本的な技術、奥の深さを教えること

いつものことながら私は、黙って頷いて鈴木の話を聞いていた。鈴木は、つづけていった。

「高校生を教えていますよね。そんなときに、ふと思うんです。こいつらにずっと野球をつづけて欲しいなあ、って。大学、社会人になっても野球をやって欲しい。そう思う。

そこで私は、どんな指導をすればいいんだろう、と考えた。で、結論は、野球は楽しいスポー

ツということは当然として、基本的な技術、奥の深さを教えなければならない。そうしないと指導者失格だ、という結論を出したんです。たとえば、日藤の選手が大学に入学する。野球部に入った場合、大学の監督やコーチに『日藤出身の選手は、よく野球を知ってるなあ』とか『基本をしっかりと身に付けている』ってね。そういわせたいんです。

岡さん、昨年の秋季関東大会を覚えていますか？　応援にきてくれましたよね。あのときに岡さんにも紹介しましたが、青森商業監督時代にロッテに入団した、教え子の長利礼治もきていた。試合後でしたね。長利と話をしたんですが、長利がいうんですよ。『プロに入ってくる選手の中には、野球の基本も知らない者もいる』ってね。長利がいうには、挟殺プレーも知らない新人選手もいるっていってましたねえ。

そんな話を聞いたとき、私は痛感したんですよ。高校野球の指導者は、勝つことだけを考えていたら駄目だって……。そんな考えが頭の中にあって、春のセンバツ大会に出た。それでさらに思ったんです。甲子園大会はテレビで全国放映されるしね。きちんとした野球をやらないと、私も選手も笑い者になるぞ、ってね……。

岡さんも知っていると思いますが、本来、高校野球の指導者が、自校のグラウンドに中学生を集めて指導することは固く禁じられている。スカウト活動の一貫だと見られるからです。それは百も承知です……。しかし、岡さんは、アンチ巨人だといっていましたよね。でも、長嶋や王は好きだといっていましたよね。私も同じです。長嶋に憧れ、野球が大好きになった。格好よくボールをさばきたい、より遠くに打球をとばしたい。長嶋茂雄になった気分でプレーしましたよね。私は、純粋に考えたんです。中学の指導者も選手たちも、『高校生のプレーを見たい、練習を一緒にやりたい！』と。そう思っているんです。上のレベルの野球に接したいんです。とくに指導者は、四六時中どうしたら選手たちが成長するか考えている。試行錯誤のくり返しです。考え、悩んでいるんです……」

鈴木は、まさに真剣な表情で私に訴える口調でいってきた。

そんな考えが鈴木の頭の中にあったためだろう。平成2年の暮れ。野球部長の武藤周二の承諾を得た鈴木は、コーチ修業中の五十嵐康朗とともに、12月26日から28日までの3日間、日大藤沢高グラウンドで野球教室を開いた。鈴木の故郷である栃木県小山市の中学生を招いての野球教室だった。小山高時代のコーチだった岸仲男が、小山市内の国分寺中学校野球部監督永井啓之と14人の選手たちを引率してやってきたのだ。

鈴木は、故郷の少年たちに野球を教えながら、1年7か月間の小山での浪人生活時代を思い出した。初心に戻ることができた。

以来、鈴木が主催する、この野球教室は、毎年暮れに行なわれるようになった。初めは、小山市だけの中学生を招いてのささやかな野球教室だったが、毎年のように参加者が増えた。評判になったのだ。小山市だけではなく、小山市を中心にした下都賀地区の少年野球チームの指導者たちが、選手を連れて日大藤沢高グラウンドにやってきた。鈴木は、すべて受け入れた。なんと400人以上も集まる大盛況ぶりだった。グラウンドのまわりにバスが連なった。日大藤沢高野球部員約100人は、少年4人にひとりがついた。監督鈴木は、ハンドスピーカーを握り、大声で指示を出した。

セレクションじゃない野球を教えているだけ

暮れだけじゃなく、春休みや夏休み期間中も野球教室を開いて欲しい、と。そういった声も出た。鈴木は、時間を都合して、できるだけ要望に応じた。夏休みに鈴木は、選手たちと小山に行き、故郷で野球教室を開いたこともある。

しかし、この野球教室に、当然のごとくクレームをつけてくる者もいた。神奈川県の高校野球の指導者たちだった。ある野球名門校の部長は、怒ったようにいってきた。

「鈴木、いい根性をしているよな、おまえは。野球教室をやって、選手をスカウトしているんだろう。ビデオで撮影して、県の高野連に訴えてやるからな。覚悟しとけよ」

それに対して監督鈴木は、相手を睨みつけていった。

「いいですよ。ビデオでもカメラでもいいですよ、撮りにきてください。高野連に訴えてもけっこうですよ。私は、そんなケツの穴が小さい男じゃない。だいたい私は、栃木の選手をひとりも獲っていませんよ」

それから数日後だった。監督鈴木は、神奈川県高校野球連盟から呼び出された。事情聴取を受けたのだ。鈴木を前に県高野連の幹部がいった。

「鈴木君、日藤は県外の中学生選手を集め、セレクションをやっているらしいじゃないか。そういったスカウト活動は感心できないな。やめてもらわないと困るなあ……」

「いや、お言葉を返すようで申し訳ありませんが、セレクションとは考えていません。第一に日藤の場合、どんなにいい選手でも自由に獲れません。野球を教えているだけです。中学校の先生やシニアリーグの指導者たちに頼まれて、純粋に野球を教えているんです。野球教室をやっているだけです」

そう説明する鈴木に、幹部は渋い顔でいった。

「鈴木君、そう居直られても困るんだな」

それに対して監督鈴木は、口角泡をとばさんばかりに訴えた。

「いや、居直ってはいません。私は、本音をいっているんです。最近の私は、痛感しています。私が野球少年だった時代には、憧れのプロ野球選手がいっぱいいました。とくに私は、長嶋茂雄と王貞治のプレーに感動しました。しかし、いまの野球少年たちが感動し、感銘を受ける選手って、あまりいません。それが現実だと思います。つまり、私たち指導者が、きちんとした野球を子供たちに教えなければならないんです。盛り上げてやらないと、野球は衰退します。後退はしても発展はしません……」

さらに鈴木は、大声を張りあげるようにつづけた。

「日藤は、サッカー部も全国大会に出るくらい強いです。サッカー部の監督がいっていました。サッカー協会やJリーグの幹部から通達がきたらしいです。身長178センチ以上、100メートルを11秒8以内で走れる選手を獲得し、育成しろという、そういった内容の通達です。これは、大変なことです。つまり、素質ある運動神経のよい少年たちは、サッカーの方に獲られてしまうということです。たとえば、足の速い少年が、野球部に入らなくなったら確実に盗塁数は少なくなります。

もちろん、私は、プロもできたサッカーを否定しません。日本のスポーツ文化を確立するには、野球とともにサッカーやバレーボール、テニスもバスケットボールも同じように発展しなければなりません。すべてのスポーツが共存共栄で進歩しなければならないんです。そのために私は、少年たちに野球を教えたい。私は、知ってることをすべて教えたい。野球人口を増やしたいと考えている。だから、野球教室をやっているんです。それだけが目的なんです。私の考えは間違っていますか……」

黙って鈴木の主張を聞いていた神奈川県の高野連の幹部は、苦笑しつつも頷いていった。

「わかった、鈴木君。君のいいたいことは十分に理解した。君のいうことは、まったくの正論だ。ただな、鈴木君、日藤がやっている野球教室は、目立ちすぎるんだよ。よく昔は、東海大相模高監督だった原貢君が、野球教室だといってはセレクションをやっていた。原君の場合は、隠れてやっていたが、鈴木君は表立ってやっている。やるんなら目立たないようにやって欲しいんだよ。ここにタレ込んで、文句をいってくる者もいるんだからな……」

　そして、最後に幹部は、鈴木に向かって半ば呆れ顔でいった。

「鈴木君、噂には聞いていたが、キミは本当に正義感の強い監督だなあ……」

　指導者の鈴木は、一言で〝教え魔〟といってよい。教え出すと止まらない。実に熱心であり、そこには打算は感じられない。私は、何度となく鈴木が、少年たちに教えている姿を見ている。

　その姿勢は、日大野球部監督になったいまでも変わらない。たとえば、鈴木の知り合いの高校野球部監督が、日大グラウンドに選手を連れてやってくる。さっそく鈴木は、日大選手たちと一緒に、高校生選手にもウォームアップを命じる。十分に身体が出来上がってから、投手であればブルペンで投球させる。もう付きっきりでアドバイスをくり返す。まわりで見ている選手にスピードガンで計測させる。

「よーし、ストレートは、MAX135キロだ。次はカーブだぞ。速くなくともいいんだ。できれば90キロ台のカーブだ……」

「スライダー、投げられるか？　よし、じゃあ、110キロ台のスライダーだ。力むなよ……」

練習後に鈴木は、その高校生投手と会話を交わす。

「まだ高校2年生だよな。このまま伸びれば、来年のいま頃は、進路が決まっているぞ。日大に入学して、神宮球場で投げたいか？　別に他の大学に行ってもいいんだぞ。プロだったら、もっといいよなあ。将来はプロでやってみたいもんな」

鈴木の言葉に高校生投手は、黙って何度も頷く。鈴木はつづける。

「でもな、さっき監督に聞いたら、一日に100球も投げていないと、そういっていたぞ。試合のないオフだから投げ込まないのか。それじゃあ、少なすぎる。冬場でも一日に200球、300球くらいは投げ込んだ方がいいぞ。監督のオレが高校生だった頃は、冬場でも一日300球は投げた。寝るときもボールを握ってた。

あのな、つづけて300球も投げなくともいいんだぞ。インターバルを取りながら投げるんだ。野球っていうのは、1イニングに多くとも20球くらいしか投げないだろう、投手の場合はな。だから、インターバルを取れば、何球でも投げられるぞ。監督のオレの知り合いに、59歳のオヤジがいる。栃木県の小山市役所総務部長の鷺谷《さぎや》尚《たかし》さんという人だ。その人は、生涯現役だといってな、いまでも一日200球は投げ込んでいる。インターバルを取りながら投げているんだ。59歳のオヤジに出来ることを、高校2年生のキミに出来ないことはないよな……」

高校生投手は、鈴木の一言一言に強く頷いている。傍らの高校野球部監督も頷く。さらに鈴木は、熱っぽい口調でいう。

「あとでな、キミにオレの名刺をあげるからな。来年の正月に年賀状をくれないか。正月までは、あと1か月もある。その1か月間に何球投げ込んだかを、年賀状に書いてこい。ストレートは黒ペン、カーブは赤ペン、スライダーは緑ペンで書くんだぞ。約束だ。年賀状を待っているぞ。真剣に練習に励めば、来年の夏は甲子園に行ける。135キロのストレート、90キロ台のカーブがあれば、十分に甲子園を狙えるんだ。緩急をつけ、コントロールのよいピッチングをすることだぞ……」

鈴木は、私にいった。

「岡さん、指導者の私自身が『甲子園って小さいなあ』『甲子園だけが高校野球じゃない』と考えてね。選手たちに野球の楽しさ、奥の深さを教えるようになった。そしたら自然とチームに力がついてきてね。甲子園を狙えるチームになってきたんですね」

日大藤沢高監督時代に鈴木は、名実ともに〝鈴木野球〟を開花させ、新たな伝統を築き上げたのだ。

第六章「スカウト」

小さな突破口も見逃さず選手を獲得

日大藤沢高監督時代の鈴木は、選手のスカウト活動にも精力的だった。鈴木はいった。

「学生野球の指導者として、チームを強くするための条件は3つです。第1に選手のスカウト、第2が選手の育成。そして、第3番目が監督の指導力です。岡さん、本音としては、指導力を第1条件にしたい。しかし、とくに高校野球の場合は、指導期間に限界があります。会社経営も同じだと思います。優秀な人材獲得こそ優良企業への第1歩です。指導者の目で選手をスカウトしなければ、強いチームはつくれないんです」

鈴木の日大藤沢高監督時代、野球部長をしていた武藤周二には、鈴木のスカウト活動に関する思い出が数えきれないほどある。

監督に就任した昭和62年の夏すぎだ。神奈川県茅ケ崎市立松林中学校のバッテリーを獲得したいという。投手の山来《やまく》誠治と捕手の帯川《おびかわ》佑二だった。が、情報ではすでに他校への進学を決めていた。山来は、名門の桐蔭学園高か法政二高への進学希望。帯川の場合は、進学先を決めかねていたが、両親は甲子園出場経験のある高校を希望していた。甲子園出場ナシの日大藤沢高は眼中になかった。それでも鈴木は武藤に、オレは絶対に口説き落とす、といってきた。鈴木の熱意に負けた武藤は、まずは松林中学校野球部顧問の角田明の承諾を得た後、捕手の帯川の家を訪ねた。

案の定、帯川の父親は、鈴木を前に渋い顔を見せた。が、それで引き下がる鈴木ではなかった。

居間に通された鈴木は、父親の顔に鋭い視線を投げかけながら話を聞いていた。そんなときだ。突然、鈴木は話を遮るようにいった。

「お父さんは、青森県出身じゃないですか？　青森生まれですよね」

「そうだよ。なんでわかるんだ、監督さんは？」

驚いた父親は、逆に鈴木に尋ねてきた。

「津軽ナマリがあります。懐しいなあ。津軽のどこですか？　五所川原あたりですか？」

「いってもわかんねえ村だよ。ま、五所川原の近くには間違いないがね」

「そうですか。車力《しゃりき》村ですか？」

「いや、監督さんの知らない村だ。稲垣村というところだ」

「ああ、稲垣村ですか。知っていますよ。西津軽郡の稲垣村ですよね。あそこの出身ですか。行ったことがありますよ」

「なんで監督さんは、津軽のことを知ってんだ？　青森出身じゃないだろうが……」

「はい。私は、栃木の小山市生まれなんですが、3年前までは、青森商業で監督をやっていました」

「おお、青商でやっていたのかあ。高校時代の私は、青商とやったことがあるよ。2対0で勝ったんじゃねえのかなあ」

「お父さんも野球をやっていたんですか？」

「ああ、やってた。ヘタクソだったけどな、木造高でやってたよ」

「エーッ、木造だったんですかあ。木造にはさんざん泣かされましたよ……」

ひとしきり青森の話題で盛り上がった。帯川の父親はいった。

「今晩は、日藤を断わるためにな、失礼のないように着物を着たんだ。しかし、逆に着物姿で監督さんを迎えることができてよかった」

これで捕手の帯川獲得は決まりだった。その夜、投手の山来の家にも行った。すでに帯川の父親が、山来の家に電話を入れていた。

「女房役の捕手が日藤を受けるんなら、ウチの誠治も一緒に行かせます」

玄関先に立つ鈴木と武藤を前に、山来の父親はいった。

鈴木は、どんな小さな突破口でも見逃さない。これはと思った選手を見つけると、最後の最後まで獲得を諦めなかった。私が会った前出の中島千秋獲得の場合は、毛筆の手紙で口説かれた。神奈川県相模原市の大野南中学校のエース兼内野手だった中島は、自宅近くの東海大相模高にほぼ進学先を決めていた。しかし、中島によると、東海大相模側は「入りたければこいよ」といった態度だった。正式に勧誘されているわけではなかった。

それを確認した鈴木は、さっそく毛筆で手紙を出した。文面は簡単だった。

中島君と一緒に野球をやりたい。一度、日大藤沢高の練習を見て欲しい——。

手紙を読んだ中島は、感激した。高校野球の監督から、直々に丁寧な手紙をもらったからだ。日藤への進学を決めた。鈴木は、小学校時代から中島が書道をやっていたことを知っていたのだ。何度も大野南中学に通ううちに、中島の担任教師だった増田謙介がふと漏らしたのだ。それを鈴木は、中島獲得の突破口にした。毛筆で手紙を書いた。これまで鈴木は、毛筆で手紙を書くことを慣わしとしていたが、このときばかりは筆に力が入った。

日藤時代の監督鈴木には、忘れられないスカウトに関する思い出がある。

平成2年春。鈴木率いる日大藤沢高は、初めて春の甲子園センバツ大会に出場する。このときのエースが、荒木孝二だった。

鈴木の記憶によれば、昭和62年11月末だったという。荒木が通う相模原市の新町中学校を、鈴木は訪ねた。このときで4回目の訪問であった。この日も鈴木は、野球部顧問の久須見潔と学年主任に面会を求めた。しかし、またしても色よい返事はもらえなかった。すでに東海大相模高に進学先を決め、両親も納得しているという。せめて荒木君本人に会わせて欲しい、そう懇願したが、体よく断わられてしまった。

肩を落としながら鈴木は、新町中学をあとにした。小田急線の相模大野駅に向かって歩いた。雨が激しく降ってきた。チキショウ！　まさに、そう呟いたときだ。

「鈴木さん、駅まで乗りませんか……」

別れたばかりの新町中学の野球部顧問久須見の声だった。車の窓を開けていってきた。これ幸いと頭を下げて鈴木は、後部座席に乗せてもらった。が、たったいま荒木獲得を断わられたばかりだ。おたがい気まずい思いをしていた。沈黙がつづいた。話題を探しながら鈴木は、話しかけた。

「先生は、私よりも先輩ですよね。昭和25年6月26日生まれ……」

そういうと久須見は、訝《いぶか》しげにいってきた。

「鈴木さん、どうして私の生年月日を知っているんですか？」

驚いたのは、むしろ鈴木の方だった。

「いや、〝私の〟誕生日です。昭和25年6月26日なんですよ、私は。先生も同じなんですか？　私よりも先輩じゃないんですか？」

そういいながら鈴木は、財布に入れてある運転免許証を取り出し、見せた。奇遇にもふたりの生年月日は同じだったのだ。

その夜、ふたりは小料理屋で呑み、カラオケに興じた。同期の桜だといっては、大声でうたった。

数日後、鈴木と野球部長の武藤は、久須見の計らいで、荒木の両親に会うことができた。鈴木は絶対に口説き落とす、と武藤に宣言した。

しかし、翻意させることはできなかった。両親は、息子を東海大相模高に入学させたい、の一点張りだった。仕方なく鈴木は、最後に両親を前にいった。

「わかりました。最後にこれだけは孝二君に伝えてください。東海大相模に入って、立派な選手になってください、と。そう伝えてください。それで、私の日藤が東海大相模に負けたとき、私に『荒木にやられた』といわせてください。それだけです。いろいろと今回は迷惑をかけてしまいました……」

その夜、鈴木は荒れた。しこたま呑んだ。アパート近くのスナックに妻を呼び出し、酔いにまかせて愚痴を連発した。……アパートに戻ったのは、真夜中の午前2時過ぎだった。電話が鳴っていた。妻が出た。すぐに夫を呼ぶ声がした。

「荒木君のお母さんから電話……」

「荒木？　荒木は、日藤にきてくれねんだよ……。チキショウめ……」

「違うのよ。荒木君、日藤に入りたいといっているんだって」

この妻の科白で、一瞬にして鈴木は酔いが醒めた。妻の手から受話器を奪い取り、電話に出た。聞き覚えのある荒木の母の声が流れてきた。

「監督さんの言葉を孝二に伝えたところ、本当は日藤に入りたいんだ、といってました。日藤の練習を見たらしく、雰囲気がいいといっています。息子の孝二をよろしくお願いします……」

受話器を握る鈴木の手が熱くなった。

9年間に、500校以上の中学に顔を出す

鈴木のスカウト活動は徹底していた。中学校のグラウンドに顔を出す。少年野球のシニアリーグやボーイズリーグの試合も見る。そのたびに監督やコーチ、野球部顧問の先生、審判員にも挨拶をした。名刺を出し、顔と名前を覚えてもらった。神奈川県には約600校の中学校があるといわれているが、鈴木は日大藤沢高監督時代の9年間に、500校以上の中学校に顔を出した。いい選手がいるという情報が入ると、次の日には出向いていた。多忙を極める毎日であったが、鈴木は自分の目で選手を見極めたい、自分の指導に合う選手を獲得したい一心であった。元帝京大学監督の宮台俊郎などは、鈴木の野球に注ぐ情熱に感心して、優秀な中学生を紹介してくれた。

高校野球の激戦地神奈川を勝ち抜くには、選手のスカウトが第1条件だった。横浜高前監督で現在の平塚学園高監督の上野貴士が、鈴木のスカウト活動を証言する。

「私の耳に情報が入る。あそこの中学にはいい投手がいる、なんてね。そこで行ってみると、すでに鈴木さんが打診をしている。とにかく、鈴木さんは隠密のように動きまわっていましたよ。ただし、鈴木さんはスカウトに関してはフェアだった。はっきりと進学先が決まっている選手に

は手を出さなかった。進学が決まっている選手を、平気で横取りするアンフェアな指導者が、この神奈川にはいますからね」

もちろん、スカウトに失敗したこともある。

当時、慶応大学野球部で活躍した佐藤友亮（現西武）の場合が、そうだった。平成10年の東京六大学野球リーグ戦で佐藤は、2年生ながら首位打者に輝いた。シドニー五輪の日本代表候補選手にもなっている。

鈴木が、佐藤の素質を見抜いたのは、佐藤が中学2年生のときだ。藤沢市の明治中学校に通う佐藤は、ボーイズリーグの湘南クラブに所属。投手として活躍していた。さっそく鈴木は、湘南クラブ監督竹内一郎（元山形県羽黒高校監督）から話を聞き出した。竹内によると佐藤の進学希望高校は、公立の湘南高校ということだった。ただし、当時の湘南高は、近くグラウンドの改修工事が始まるため野球が満足にできない状況にあった。

鈴木は、佐藤獲得のためアタックを開始した。日大藤沢高グラウンドは広いし、環境も申し分ない。甲子園出場も狙える。優秀な成績のキミなら間違いなく入学できる。練習や試合を見に行き、佐藤に会うたびに力説した。佐藤も両親も日大藤沢高進学に傾きつつあった。佐藤は、鈴木を前にはっきりといった。

「日藤に入学したい。鈴木監督の下で野球をやりたい。甲子園に行きたいです」

しかし、佐藤は、日大藤沢高に入学することはなかった。慶応高校入学を果たす。実は、鈴木よりも遅れて佐藤獲得に乗り出した当時の慶応高野球部監督上田誠が、自から家庭教師役になって佐藤に勉強を教えていたのだ。慶応高入学が決まった佐藤に鈴木は、上田にやられた！　という思いを抱きつつもいった。

「佐藤、慶応高のある日吉までは藤沢から1時間半くらいかかる。通学に苦労すると思うが、おまえの選んだ道だ。絶対にレギュラーになれ。オレの日藤と甲子園出場を賭けてやろう。約束だぞ……」

平成7年夏。日大藤沢高は、神奈川県代表として初の夏の甲子園出場を決める。決勝戦の相手校が慶応高だった。4対2で日大藤沢高が勝った。試合終了後、微笑みながら日藤ベンチを見ていた佐藤友亮の姿を鈴木は、忘れない。慶応高の一塁手としてスタメン出場した2年生の佐藤は、2対4とリードされた7回からマウンドに登場。日大藤沢高に追加点を許さなかった。横浜スタジアムの一塁側ベンチから鈴木は、マウンドで好投する佐藤を凝視しながら思った。

佐藤は、オレとの約束を果たしている……。

入学許可の合格点に、たった1点足りずに諦めた選手もいた。鈴木が日大藤沢高監督時代のとき、日大藤沢高のスポーツ選手入学の推薦ワクは、1学年につき31名。そのうち野球部は、1学年6名の推薦ワクを確保しており、中学校での成績がオール6以上でなければ入学許可を出してくれない制度だった。

その合格点に1点足りなかったのが、平成10年秋のプロ野球ドラフト会議で、横浜に1位逆指名で入団した矢野英司だった。矢野は、横浜高から法政大に進学。東京六大学で活躍した。

鈴木は、連日のごとく校長を前に懇願した。強く訴えた。

「校長、矢野英司という子供は、すばらしい選手です。私は、中学2年生のときから注目していました。ストレートのスピードは、136キロです。私が投手として育てます。約束します。矢野が日藤に入れば、少なくとも2回は甲子園に行けます。校長、たったの1点です。入学を許してください。

……校長、野球は9人の選手がグラウンドでプレーする団体競技です。たとえばですよ、校長、9人の選手すべてが頭のよい成績が優秀な生徒でも、野球は勝てないんです。私は、長い間監督をやっています。私なりの理論があります。チーム編成をする場合、4、3、2という編成が理想的だと考えているんです。つまり、9人の選手のうち4人は、一般でいう頭のいい生徒です。3は、成績でいえば、普通の生徒です。残りの2は、学生としての成績を度外視した生徒です」

鈴木は、何べんも頭を下げながらいった。

「校長、成績優秀な選手だけではチーム編成をしても勝てません。逆に馬鹿な選手だけでも勝てないんです。頭のいい選手、普通の選手、頭が少しばかり悪くともスポーツ、野球をやらせれば傑出している。そういった個性ある選手がいて、初めて強いチームをつくることができるんです。校長、野球部の選手で生徒会の会長に立候補した選手がいます。選抜クラスに入っている優秀な選手もいます。私は、選手たちに生徒会長に志願しろ、体育委員長に立候補しろ、といっています。成績のよくない選手にもいいます。野球では絶対に負けるな、っていってます。校長、いろんな生徒、選手がいないとチームとして強くなりません。校長……」

鈴木は、校長を前に訴えた。力説した。しかし、最後まで校長は首肯しなかった。実は、矢野の成績を知った他の運動部の監督や部長たちが、猛反対していたのだ。1点足りなくとも不合格は不合格だ、矢野を入学させるんなら、ウチの運動部の推薦ワクを増やして欲しい、と。

キミは神奈川県の宝だ

肩を落とした鈴木は、矢野獲得を諦めた。矢野とて同じ感慨だった。日大藤沢高に強く憧れていた矢野は、神奈川県の高校には進学したくないといってきた。埼玉県の埼玉栄高に入学を希望してきた。矢野の両親も納得した。矢野の父親は、鈴木の義兄が勤務する会社の上司だったため、埼玉県岩槻市に住む義兄の家に息子を下宿させたいと提案してきた。

正直、鈴木は、迷った。単純に矢野が、神奈川県の野球名門校に進学すれば、向こう3年間は甲子園に行けないと思った。矢野が、埼玉栄高に進学した場合は、そんな心配はない。埼玉栄高野球部監督の若生正廣（現東北高監督）と鈴木は顔なじみだ。頼み込めば矢野の入学は間違いないだろう……。

鈴木は、悩み考えた。結論を出した。ライバルである横浜高入学を薦めた。矢野を前にいった。

「矢野、おまえは、神奈川の宝だ。キミのような選手が県外に行ったら困る。神奈川の損失だ。オレの日藤は、おまえを打ち込むことを目標にする。おまえは、横浜高の渡辺監督の下で頑張れ。あの人なら必ずキミの素質を開花してくれる」

そして、こうもいった。

「投手としてのキミは、はっきりいってノーコンだ。そのため中学時代のおまえは、センターを守ることが多かった。だからな、投手でやりたいんなら、投げ込みを徹底してやれ。コントロールがよくなったらな、将来は絶対にプロになれるぞ。ひたすら投げ込むんだ。わかったな」

矢野が横浜高に入学した平成４年春。鈴木は、監督渡辺と顔を合わせた。その際にいった。

「渡辺さん、今年もいい投手が入りましたね」

そういう鈴木に渡辺は、不思議顔でいった。

「何をいってんだ、鈴木。これはといった投手はいないぞ。おまえが全部獲ったんじゃないのか」

「いや、日野中学から入った矢野という投手はいいですよ」

「矢野？　そういえば、そんな名前の投手が入部してきたな。鈴木がいうほどの投手なのか……」

鈴木は、渡辺監督一流のおとぼけだと思った。しかし、渡辺の科白に鈴木は、腹が立った。心の中で叫んだ。チキショウめ！

横浜高に入学した矢野は、2年生になる平成5年春に甲子園センバツ大会に出場。さらに3年生のときに春と夏の甲子園大会に出場し、エースとして横浜高のマウンドに立った。

片や、日大藤沢高は、ことごとく矢野の前に涙を呑んだ。平成5年秋の神奈川県秋季大会準決勝、つづく平成6年春の神奈川県春季大会決勝、さらに夏の神奈川県大会決勝と、いずれも横浜高と対戦。すべての試合で矢野を打ち込むことができなかった。

鈴木は、あらためて痛感した。強いチームをつくりあげるには、やっぱり、スカウトが第1条件だ、と。

第七章「革命」

すべてのオープン戦は遠征で

鈴木が日大藤沢高監督に就任した当時、部員は約60名ほどだった。が、毎年のように増えつづけた。就任3年目には100名を突破。平成7年暮れに鈴木は、日大野球部監督就任を決意するが、この最後の年の日大藤沢高野球部の部員数は114名にものぼった。女子マネージャーも8人在籍していた。

もちろん、神奈川県一の部員数を誇った。監督鈴木の指導ぶりが広く知られた結果だった。

日大藤沢高監督に就任した鈴木が、まず驚いたのが、練習用ボールの少なさだった。200個にも満たなかった。これでは満足できる練習などできるわけがない。バッティング練習をするたびに選手は、球拾いを余儀なくされる。鈴木は、ネット目がけて打つティバッティングなどさせたくなかった。思いきり外野方向に打たせたかった。

早起きした鈴木は、車で社会人野球チームの合宿先を訪ねた。地元神奈川県の三菱自動車川崎、東芝、いすゞ自動車、東京の東芝府中、千葉のNTT関東……。顔見知りの監督やコーチ、マネージャーに頭を下げ、使い古しのボールを分けてもらった。なかでも三菱自動車川崎監督の垣野多鶴は、日大時代の鈴木の1年後輩。NTT関東監督の千葉清は日大時代の同期だったため、ボールばかりでなく野球用具を快よく提供してくれたのだった。プロ野球のスカウトやOBにも理由をいって、都合してもらった。

1か月間で300個近くの練習用ボールを集めた。練習が終わると部員全員で球拾いをした。実にリヤカー7台分もあった。

オープン戦も積極的にやった。一日2試合は当たり前。すべて遠征でのオープン戦を組んだ。とくに土曜日や日曜日になると千葉や埼玉、栃木にまで選手を引き連れて行った。貸し切りのバスは使わず、朝一番の電車に乗り込んでの遠征。日帰りの遠征で、宿泊することはなかった。選手たちは野球用具を入れた大きなバッグを自分の手に持った。監督鈴木は、選手を前にいった。

「あのな、遠征してやるオープン戦にどんな意味があるかわかるか？　ホームタウンディジションって知ってるよな。サッカーの場合も同じじゃないのか。ホームでの試合よりもアウエーの方が厳しい試合になる。ハンディを背負ってやる。厳しい条件の中でプレーをすれば、上達するんだぞ。手に持った荷物は重いよな。でもな、感じないか？　これから敵地に乗り込んで一発やってやるぞ、っていう闘争心が湧いてくるだろう。やる気が出てくるよな。

それにな、遠征でのオープン戦は、あくまでも相手チームに試合をやらせていただくんだという、感謝の気持ちを持つことなんだ。わかったか」

選手たちは納得した。だれひとりとして文句はいわなかった。しかし、選手の父母たちは、不満顔だった。お金は負担するから、せめてバスで遠征して欲しい、宿泊費を出してもいい、たまには日藤グラウンドでオープン戦をやって欲しい、と。そういってきた。監督鈴木は、父母たちを説得した。

「オープン戦は、遠征してやることに意義があるんです。それは選手たちも納得しています。たしかに私の前の香椎監督のときは、ほとんどのオープン戦を日藤グラウンドでやっていました。なぜならば香椎監督は、昭和47年の春の甲子園センバツ大会で日大桜丘高を優勝させた大監督だからです。そのために他校の監督たちは、香椎監督に敬意を表わして日藤グラウンドにきてくれていたんです。しかし、私も選手も甲子園には行っていません。偉そうな顔をして他県の強豪チームにこっちにきてください、なんてはいえません。

それに貸し切りバス代や宿泊費を出していただけるんなら、そのお金をバットやグラブ代などにまわしてください」

昭和62年6月に日大藤沢高監督に就任した鈴木は、7月の夏の甲子園の神奈川県大会までの約1か月間に、オープン戦を14試合組んだ。すべて遠征での試合だったが、対戦成績は12勝2分けだった。

鈴木は、覚悟していた。3年間で甲子園を狙えるチームづくりをしなければ、きっぱりと野球から身を引くつもりでいた。そのためにも、まずは日大藤沢高野球部の体質を改善しようとしたのだ。

監督に就任して間もなくだった。有望だと期待していた1年生部員が、退部したいといってきた。本人に理由を質したが、黙っている。が、表情でわかった。体罰が原因だな、そう直感した。

昭和62年夏。初めて日大藤沢高野球部の指揮を執った鈴木は、神奈川県大会の3回戦で鎌倉学園高に敗退する。鎌倉学園のエース若田部健一（現ダイエー）を打ち込むことができなかった。

それから間もなくだ。3年生部員が引退し、1、2年生の新チームになった際に監督鈴木は、選手を前にいった。

「きょうからだ。監督のオレは、おまえたちと約束を交わしたい」

そう鈴木は切り出した。つづけた。

「これまでおまえたちは、ときおり上級生から体罰を受けてきたよな。かなり痛い目にあってるよな。汚れたユニホームを洗わされ、スパイクも磨かされた。すべて監督のオレは、知っていた。だから、きょうからだ。オレと約束してくれ。下級生をいじめないと約束してくれないか」

選手たちは黙っていた。沈黙がつづいた。鈴木は、黙って選手ひとりひとりの顔を見てから、あえていった。

「監督のオレにも経験がある。大学1年のときだ。理由もなしにぶん殴られた。連帯責任だといわれてな。試合の先発をいわれた前の晩には、合宿所の先輩の部屋に呼び出される。1時間も2時間もマッサージをやらされた。次の日に登板しても、満足な投球などできるわけがないよな、手がしびれちゃってな。悔しかったよ……」

そういったときだ。キャプテンになったばかりの山本秀明（現横浜隼人高コーチ）が、立ち上がっていってきた。

「監督、わかりました。オレたちは、下級生に体罰を与えません。やらないことにします。兄貴もいってました。下級生をいじめてもしょうがないって……」

山本の兄は、日大藤沢高出身でプロ野球の中日の左腕投手山本昌だ。しかし、キャプテン山本に全員が同調したわけではなかった。副キャプテンの大戸康弘が、納得できないといった顔で監督鈴木にいってきた。

日藤野球部から体罰がなくなる

「監督、そりゃあ、ないですよ。別に体罰を好きでやるわけじゃないけど、いまやめてしまったら……オレたちは、単に殴られぞんということになりますよ。納得できないっす」

鈴木は、思わず口元を綻《ほころ》ばせた。が、すぐに真顔でいった。

「じゃあ、しょうがない。殴りたい者は殴ればいい。ただな、いつまで経っても日藤野球部から体罰はなくならないぞ。あのな、おまえたちがやめれば、いまここにいる下級生が上級生になってもやらないんじゃないのか。つまり、永久に日藤野球部から体罰はなくなるんだ。おまえたちは、一種の革命を起こしたことになる。革命を起こしたり、新しい伝統をつくることってな、そうやすやすにはできないぞ。しかし、体罰をやめるってことは簡単だ。下級生に手を出さなければいいんだからな。それだけだ。どうだ、革命を起こしてみないか……」

そして、鈴木は、こう付け加えた。

「監督のオレは、すべてに手を出すな、とはいわないぞ。ちゃんとした理由があれば、たまには殴ってもいいと思っている。ただし、そのときは監督にいってこい。約束だぞ」

選手たちは、しっかりと頷いて見せた。副キャプテンの大戸は、納得しながらもいった。

「監督は、うまいことというよなあ。ずるいっす」

上級生も下級生も、大戸の言葉に笑った。

ときおり鈴木は、青森商監督時代を脳裏に浮かべた。青森で培かった苦い経験が礎となって〝鈴木野球〟が、着実に花開きつつあった。素直に監督鈴木は、青森に感謝した。

こんなこともあった。

就任3年目の夏だった。期末試験が終わった日だ。午後になってグラウンドに鈴木が出ると、すでに選手たちは練習を開始していた。汗を流していたが、いつもと違って動きが鈍い。よく見ると選手たちの顔色が悪い。すぐさま鈴木は、練習を中断させた。集合をかけた。選手を前に叫んだ。

「おまえら、監督との約束を破ったな。練習前にきちんと食事をとったか？　食ってないよな？　それに寝不足だろう？」

選手のほとんどが頷いた。主力選手がいった。

「まだです。しかし、練習優先です。テストで練習ができず、野球に飢えていました……」

鈴木は、大声を張り上げた。

「馬鹿野郎！　しっかりと食事をとるんだ。食わなきゃ駄目だ。監督と約束しただろうが。きょうの練習は中止だ。家に帰って寝ろ！」

まさに、その瞬間だった。選手のひとりが、監督鈴木の目の前で倒れたのだ。倒れながら激しく呼吸をしていた。

「康朗、過呼吸だ。すぐに袋を持ってこい！」

鈴木は、コーチの五十嵐康朗に叫んだ。

監督鈴木には、生涯忘れることができない苦い経験がある。

青森商業監督時代の話だ。やはり、期末試験が終わった日の出来事だった。ノックをしているときだ。突然、外野で守備練習をしている選手が倒れた。どうしたんだろう、そう考え、遠くからながめていると傍らにいた選手が叫んだ。

「監督、大変です。きてください！」

外野に走って行くと、1年生部員が真っ青な顔をして地面に這い蹲《つくば》っている。それも草をむしって食べているのだ。大きな身体を小刻みに震わせ、放心状態でいた。鈴木は、選手を背負って、近くの病院に急いだ。

「監督さん、こんなのはケツに注射をすれば、一発で治りますよ」

そう医師はいった。しかし、1時間が経過しても容態は変わらなかった。激しく呼吸をくり返し、身体を震わせている。正直、鈴木は観念した。明日の新聞沙汰になるな、と思った。鈴木の膝も自然と震え出した……。

医師が〝過呼吸〟だと診断を下したのは、2時間くらい経ってからだった。再び注射を打った。ベッドに横になる選手の顔に生気が戻った。震えも収まった。

昨日の出来事を思い出すように鈴木は、私にいった。

「この薮《やぶ》医者め！　と思いましたよ。岡さん、人間の体内、血中には、二酸化炭素が65パーセントあってね、残り35パーセントが酸素なんですよ。そのバランスがうまくいっているとちゃんとした呼吸ができる。ところが、過呼吸になると酸素をとり過ぎる。つまり、二酸化炭素の濃度が低下してしまうため、動悸が激しくなったりする……。

あれ以来ですよ。練習前に必ず食事をとったかをチェックし、水分をとらせるようにした。テスト明けの日の練習は、ほどよく切りあげる。とくに日藤の選手は、テストに入ると徹夜で勉強するため、睡眠不足になっていますからね。それに過呼吸は、いつ起こるかわからない。だから、ケガや故障のためにも、常に救急箱を用意しておく。ビニール袋も入れておかなければならない。過呼吸になった場合、救急処置として袋を頭から被せる。そうすると吐き出した酸素を再び吸う。人間って吸った空気の3分の2は吐き出すらしいです。つまり、低下した二酸化炭素の濃度を元に戻すことができるんですね、医者が教えてくれました……。

スポーツをやる場合における大事な三要素は、一に睡眠をとること、二にきちんと食事をとること、三に真面目に練習に励むこと。この三要素を守ることなんです」

そして、鈴木はこういった。

「もう練習中は、うるさくいっていましたよ。絶対にボールに背中を向けるな、ボールから目を離すな、ってね。バットを振ってる者の後ろを通るな、ともいいました。気のゆるみが事故につながるんです。岡さん、指導者は、選手の命を預っているんです。そのことを、常に肝に銘じておかなければならないんです」

親から大事な子供を預っている以上、細心の注意を払わなければならない。いつも鈴木は、そう考えていた。いかに名監督といわれようが、選手がいなければ野球はできない。選手は宝物だ、大事にしよう。鈴木は、選手の盾になった。

こんなことも起こった。日大藤沢高が、平成元年の神奈川県秋季大会で準優勝したときだ。翌年春のセンバツ甲子園大会出場を懸け、埼玉県で開催された関東大会に出場した。このときだ。埼玉県高校野球連盟に指定された旅館に宿泊した鈴木は、呆然としてしまった。食事はお粗末そのもの。焼き魚に汁物とゴハン……。この程度なら我慢もできるが、おひつには髪の毛、魚は生焼き状態で、選手は口にできない。風呂のお湯は出ない。部屋もフトンもカビ臭い。不衛生極まりなかった。20畳の部屋にレギュラー全員をスシ詰め状態にして、寝かせるという有様だった。

鈴木は、冗談じゃない、と思った。すぐさま野球部長の武藤周二に代わりの旅館を探させた。

ところが、それを知った埼玉県高校野球連盟の幹部が、鈴木に怒鳴り込んできた。

「ふざけた真似をしてもらっては困るんだ」

それに対して鈴木は、毅然たる態度でいい返した。

「ふざけんな、ということはどういうことですか？　なんかの研究会と日程が重なって、なかなか旅館が見つからなかったのは知っています。そっちの手配が遅かったからでしょう。あんな旅館に泊まっていたら、勝てる試合も負けてしまいます。食事なんか最悪ですよ。指定旅館に決める際にチェックをしましたか？　20畳ほどの部屋に、10人以上も寝かせたらどうなりますか？　夜中に選手が小便で起きるたびに、全員が起きてしまう。寝不足で野球ができない。私は、個室を用意して欲しいとはいいません。しかし、3人に一部屋は与えてやりたい。だから、私は宿舎を変えるんですよ」

鈴木にいわれた幹部は、舌打ちをした。まさにそんな矢先だ。茨城県第2代表として出場していた太田第一高校の選手たちが、食中毒を起こしたのだ。原因は宿泊していた旅館の食事にあった。結果、太田第一高校は、出場辞退に追い込まれた……。

宿舎を変えた日大藤沢は、1回戦を突破してベスト8に進出。準々決勝で優勝した茨城県第1代表の霞ケ浦高に惜敗したものの、翌年春のセンバツ甲子園大会出場を決めたのだった。

鈴木は、ユニホーム姿になってグラウンドに出ると、身体を張った。すべて選手の身になって行動をした。

次のようなエピソードも記したい。遠征してオープン戦をやったときだ。スコアボードのカウント表示を担当する相手校の補欠選手を、怒鳴ったことがある。間違ったカウントを表示するばかりか、試合を見ずに仲間と話をしていた。カチンときた鈴木は、審判にタイムをかけて、ネット裏に足を向けた。大声を出した。

「おまえらの態度は、なんなんだ。野球は9人でやるんじゃないんだ。試合は、みんなが協力してやるんだ。ちゃんと役目をまっとうしろ。間違うな！」

試合後、相手校の若い監督は、鈴木に頭を下げてきた。申し訳ありませんでした、鈴木さんが怒るのも当然です、と。

神奈川県高校野球界の革命児

いつしか鈴木は、神奈川県高校野球界の革命児といわれるようになった。練習中にグラウンドに音楽を流したのも日大藤沢高が初めてではないだろうか。選曲は選手たちにまかせた。グラウンドにサザン・オールスターズの曲が流れた。音楽を流すことによって選手の右脳を刺激し、情緒を安定させたのだ。リズム感を養うこともできる。

神奈川県の私立高校野球部員の長髪を許可したのも、日大藤沢高が最初だった。

平成元年春。神奈川県春季大会開幕前の監督会議のときに、鈴木が提案したのだ。

「もう部員の坊主頭はやめにした方がいいと思います。公立校の部員の長髪は許されている。対して私立校は坊主頭。格好が悪いです。おかしいですよ」

この鈴木の提案に、あるベテラン監督がいった。

「じゃあ、鈴木、おめえの日藤で試しにやったらどうだ。鈴木んとこか、鎌倉学園の武田（隆）のところでやれば、オレたちも真似してやるぞ」

監督会議終了後、学校に戻った鈴木は、さっそく部員たちの前で、監督会議で決まった話を報告。最後に長髪についていった。

「きょうの監督会議で、監督のオレは、野球部員の長髪を認めて欲しいと提案した。そしたら日藤が最初にやってみろ、という意見が出た。そこでオレは、きょうからおまえたちの長髪を許したいと思う。ただしだ、おまえたちは未成年の、親のすねかじりだからな。親の意見も知りたい。長髪に反対か賛成か、親の意見を聞いてこい。多数決で決めることにしたいと思う。ちゃんと反対か賛成かを紙に書いてもらってな、ハンコを押してもらうんだぞ」

部員たちは一斉に拍手をした。喜んだ。ある部員は、大声を張り上げて万歳をした。オレたちは、ついに湘南ボーイになれるぞ！

当時を鈴木は、振り返っていった。

「いやあ、驚いたのは、次の日でしたね。私としては、てっきり親たちは長髪賛成が圧倒的に多いと予想していた。部員のほとんどはサラリーマン家庭の子供たちでしたから、坊主頭には抵抗を感じてるんじゃないか、ってね。ところが、1票差で長髪賛成が上まわる結果でしたよね。反対の親は、すぐに私に電話で抗議してきました。『家に帰ってからジーパンをはいて遊びに行ったら、野球部員かどうかわからなくなる。グレたらどうするんだ』なんてね」

そんな親を、監督鈴木は説得した。

「息子さんを信じてください。グレるような息子さんじゃありません。いまの世の中、坊主頭は流行《はやり》ません。ましてや日藤の制服は、ブレザーです。ブレザーに坊主頭は似合いません。私は、神奈川県一の革新派監督だと自負しています。私の指導方針を息子さんは信じています。お母さん、息子さんを信じてください」

たしかに鈴木は、神奈川県一の革新派監督だった。闘う監督だった。プロ野球のスカウトの間でも、その存在は知られていた。

日大藤沢高監督の鈴木が、初めてプロ野球に選手を送り出したのは平成2年。ドラフト外での入団だったが、河野《かわの》亮（現楽天職員）をヤクルトに入団させたのだ。

その前年の平成元年の11月。プロ野球のドラフト会議が行なわれた翌日だった。ドラフト外で河野を獲得したいといってきた横浜ベイスターズ（当時は大洋）のスカウト陣と激しくやり合っている。もちろん、河野を横浜は、地元神奈川県の選手ということでドラフト会議前から獲得したいといっていた。が、指名することはなかった。

横浜のスカウトは、鈴木を料理屋に呼び出した。河野をドラフト外で獲得したい、よって協力して欲しい、といってきた。その口調は、まさに命令調。当然といった口ぶりだった。

鈴木は、カチンときた。許すことはできない。横浜のスカウトたちを前にいった。

「プロ野球のチームにとって選手は、たしかに商品かもしれません。しかし、私にとって選手は、生身の生きた人間です。売ったり買ったりする商品じゃないです」

その後は、鈴木の独壇場だった。鈴木は、激しく詰め寄った。

「私は、思います。これまで大洋のドラフト上位指名選手でスターになった者はいません。ここ

10年間でいますか？　大学出や社会人出の選手は別として、この野球が盛んな神奈川県に本拠地を構えながら、大洋は、高校生選手をドラフト上位で指名をしていない。どうして横浜高の愛甲猛（現中日）は、ロッテ1位指名なんですか？　どうして横浜商大高の三浦（将明）は、中日が3位で指名できたんですか？　ウチの日藤から中日に入団した山本昌は、5位指名だったんですよ。大洋の上位指名選手は、ほとんど神奈川県出身じゃないです。地元出身の選手を入団させていない。どういうことなんですか？

つまり、私から見れば、大洋は勝負していないんです。たしかにいい素質ある選手をドラフト外で入団させるのも、スカウトの手腕だと思います。しかし、いい選手をドラフト上位で獲るのは、初めからスター選手として球団が注目していることではないでしょうか。ドラフト外で獲った選手が、スターになるというのはまれです。

高校野球の監督の私が、プロのスカウトのみなさんを前にこういうのは、ものすごく生意気です。しかし、私は、本音でいっているんです。河野はどの球団も指名してこない、だから、ドラフト外で獲れる。そう思っていたのなら、どうして河野にいってくれなかったんですか？　挨拶にもきてくれなかった。なのにドラフト外で獲りたいといわれても、河野も父親も納得しません。私だって河野に大洋に入団しろとはいえません。指名する、獲得したいというのは、きちんとスカウティングをすることだと思います。私のいっていることは間違っていますか？」

横浜のスカウトたちは、鈴木の話に頷くだけだった。その後の横浜は、よほど鈴木の指摘が利いたのだろう。地元神奈川県出身者の選手を率先してドラフト会議で指名するようになった。

最後に鈴木は、いった。

「とにかく、野球部に退部届を出している河野は、私の手元を離れています。あとは河野と父親に交渉してください」

結局、河野は、横浜に入団することはなく、ヤクルトにドラフト外で入団した。当時のヤクルト監督の関根潤三が、河野を高く評価していたのだ。

中日の山本昌が涙した一言

また、あえてこんな話も紹介したい。

昭和62年の12月初め、日大藤沢高グラウンドに中日の左腕投手山本昌（当時は昌広）が訪ねてきた。山本昌は、日大藤沢高出身であり、当時のキャプテンの山本秀明の兄だった。グラウンドの片隅で黙って練習を見守っていた山本昌が、鈴木に話があるといってきたのは、練習後だった。

その夜、野球部長の武藤と鈴木は、合宿所で山本昌と、それに彼の日大藤沢高野球部時代にバッテリーを組んでいた吉原武士と一緒に酒を呑んだ。野球談義に花を咲かせた。当時の山本昌は、中日に入団して4年目を終えていたが、まだ1勝もしていなかった。山本は、厳しいプロの2軍生活の実態を語った。鈴木は、腕組みをしながら聞いた。

そんな山本昌が、突然、プロを引退したい、といったのは、小一時間ほど経ったころだ。山本昌は、訴えるように鈴木と武藤にいった。

「オレ、中日を辞めたいと思っています。まだ22歳だし、まだやり直しができます。それに来年のいまごろには結婚したいと考えています。付き合っている女性がいます……」

この山本昌の言葉に全員が驚いた。吉原がいった。

「おまえ、ふざけたことというなよ」

鈴木たちは、山本昌の話をじっくりと聞いた。山本昌の話によると、つい先日の契約更改のときだったという。中日の球団幹部が、翌年春からの渡米を提案、ドジャースのマイナーチームでの修業を薦めてきた。しかし、その話は、山本昌にとっては体のいいクビだと思った。山本昌は、再び真顔でいった。

「やっぱり、早くプロに見切りをつけた方がいいと思います。別な職業を見つけ、1年後には結婚します……」

そういう山本昌に鈴木は、強くいった。

「山本、結婚するのはいつでもできるぞ。おまえが一人前になるまで、彼女に待ってもらえ。待てない女だったらな、山本、結婚なんかやめちゃえ。おまえ、野球を選ぶか女に走るか、どっちなんだ？　オレは、おまえが女に走ったらな、ぶっとばすぞ！」

鈴木は、これまでの自分の野球人生を語った。青森商業監督時代に妻をぶん殴ったことをいった。小山での浪人生活時代に妻を働かせ、自分は働かずに野球に狂っていたことを白状した。こうして日藤の監督になっているのも、指導者として骨を埋める覚悟があるからだ、そのためにオレは、妻子を故郷の小山に残し、就任から半年間は単身赴任でやってきたんだ、と。そういった。

山本昌は、鈴木の話を黙って聞いていた。涙を流していた。鈴木も泣きながらいった。

「山本、おまえを中日にスカウトしたのは、高木時夫（現阪神スカウト）さんだ。高木さんは、香椎監督の教え子だよな。高木さんは、おまえに期待しているぞ。ここにいる武藤先生も同じだ。日大進学が決まっていたおまえを、すんなりと中日に送り出してくれたよな。みんなの協力があって、おまえはプロになれたんだぞ……。

おまえの強味は、抜群のコントロールのよさだ。身体も柔らかい。だからな、落ちるボールを覚えた方がいいんじゃないのか。そのためにも渡米すべきだ。星野監督とドジャースのオマリー会長は、ものすごく仲がいいと聞いてる。山本、来年1年間、アメリカで修業してこい。結婚したい女に待ってくれ、というんだ……」

鈴木は、説得した。目を赤くして山本昌は「ハイ」といった。

その夜、鈴木と山本昌たちは、明け方まで呑みながら語り合った。

年が明けた昭和63年のシーズン。渡米した山本昌は、ドジャース傘下のマイナーチームで修業し、帰国したのは8月末。アメリカ仕込みの落ちるボールであるスクリューボールをマスターし、その年の後半戦に出場。8試合に登板して、5勝をあげる活躍をした。

以来、山本昌は、中日の左腕エースとしてマウンドを守っている。結婚したのは、鈴木に叱咤激励された2年後だった。若い恋人は待っていてくれたのだ。

鈴木が日大藤沢高監督時代、山本昌は毎年、正月に日大藤沢高グラウンドに顔を見せた。選手と一緒に写真に収まり、サインをしてやる。

そんな山本昌の姿を鈴木は見て、選手を前にいった。

「おまえら、これがプロの姿なんだぞ。こういう人間がスターになれるんだぞ」

いまでも鈴木は、セーターにジーパン姿の山本昌が、合宿所のストーブに手をかざし、声を詰まらせて泣いていたのを思い出す。

第八章　「激戦地」

PL学園とのオープン戦

平成10年6月末だった。

鈴木は、福岡県宗像郡玄海町にいた。玄海灘が一望できる国民宿舎〝ひびき荘〟で、前年の夏の甲子園大会を最後にPL学園監督を辞任した中村順司（現名古屋商科大学監督）と、福岡県の東海大第五高校野球部監督穴見寛の3人で、2日間にわたり野球談義をした。とくに中村と鈴木のふたりは、野球について語りだすと止まらない。なんと朝の9時から夜の12時近くまで話し込んだ。ときおり部屋に姿を見せる〝ひびき荘〟の社長戸波一昌も呆れていた。鈴木と穴見はビール、中村はウーロン茶を飲みながら語り合った。福岡は、中村の故郷だった。

鈴木が、中村に初めて接触したのは、昭和63年秋。いるときだ。翌年春の甲子園センバツ大会への予選となる秋季大会で、PL学園は予選敗退した。

その翌朝、鈴木は中村に電話を入れた。

「神奈川県の日大藤沢高校野球部監督の鈴木と申します。別に中村先生のチームが負けて喜んでいるわけじゃありませんが、来年の春に日大藤沢とオープン戦をしていただきたいと思いまして……。もちろん、そちらに行かさせていただきます。よろしくお願いします……」

鈴木の申し出に対して中村は、正直、試合に負けたばかりで落ち込んでいるというのに失礼な電話だ、と思った。が、苦笑しつついった。

「鈴木君は、三菱自動車川崎にいましたね。私は、同じ三菱系の三菱キャタピラにいたんですよ。それに鈴木君のことは、家内からいろいろと話を聞いています。高校時代の鈴木君は、優秀な選手だったそうですね。来年春にオープン戦をやりましょう」

鈴木は、受話器を持ったまま小踊りした。

「ありがとうございます。また連絡させていただきます。奥さまによろしくお伝えください……」

そういって鈴木は、電話を切った。実は、まったくの偶然だったのだが、中村の妻の春恵は、小山高時代の鈴木の同級生だったのだ。昭和56年春の甲子園センバツ大会で、PL学園を率いる監督中村は、初めて全国制覇を果たした。その際に鈴木は、中村の経歴を新聞で読み、中村の妻が小山高校時代の同級生であることを知ったのだ。

とにかく、天下のPLの胸を借りたかった。日大藤沢高監督就任以来、鈴木は毎年、秋季大会や春季大会でいち早くPL学園が敗退することを願っていたのだ。負ければ時間ができるはずだ。大阪府富田林市のPL学園に出向けば、日藤とオープン戦をやってくれるかもしれない。鈴木は、そう計算していた。

翌年の平成元年春。関西遠征に出かけた日大藤沢は、PL学園と初めて対戦した。オープン戦の結果は、7対8で日大藤沢高の惜敗。最終回に逆転サヨナラを喫したのだった。試合後に中村は、日藤ナインを前に話をしてくれた。

「練習試合での結果は、それほど重要ではない。もちろん、負けるよりも勝った方がいいんだが、今回はウチが逆転で勝った。よくウチは〝逆転のＰＬ〟といわれるが、どうして逆転することができるか。それは、最後の最後まで諦めない野球をしているからだ。絶対に諦めたら駄目なんだ。選手の中にひとりでも『もう駄目だ、負けてしまう』と、そう思っている者がいたら、逆転はできない。最後の最後まで勝つんだ、という姿勢でやることだ……」

そういい終えると中村は、腕時計を見た。鈴木に向き直っていった。

「鈴木君、まだ時間がある。どうだ、ウチと日大藤沢の合同練習をしてみようじゃないか」

鈴木は、喜んだ。脱帽して「お願いします」といった。中村の掛け声でＰＬ選手は、日藤選手を手招きしてグラウンドの中に入れた。合同練習が始まった。監督中村自らノックバットを握り、ノックをした。鈴木は、ＰＬの練習方法を隈なくノートに書き込んだ。

小一時間の合同練習が終わった。ＰＬのグラウンドを去る際、グラウンドにきていた中村の妻とともに、3人で記念写真を撮った。後日、鈴木は、できあがった写真を見て呆然とした。鈴木は中村の隣りに立ち、肩を並べたつもりだった。が、全国制覇をした監督中村に気後れしていた。鈴木は、中村から1歩ほど間隔をあけて写真に収まっていたのだ。鈴木は強く思った。よーし、そのうちに中村監督と肩を組んで、一緒に写真を撮れる指導者になってやるぞ、と。

以来、毎年春に日大藤沢高は、関西遠征を行なうようになった。ＰＬ学園とオープン戦をやるようになる。中村も鈴木も互いの野球を認め、信頼関係を深めていった。

が、それはまさに〝仮想横浜高戦〟を意図したものだった。

あの10年前の平成元年。夏の甲子園大会神奈川県大会決勝戦で〝5人内野シフト〟の奇策を半ば成功させながらも敗れた日大藤沢高。あのとき鈴木は「打倒・横浜高！」を旗印にした。鈴木は決心した。渡辺率いる横浜高を完膚なきまでに屠《ほふ》りたい、横浜高の〝カベ〟をぶち壊したい、そうしなければ夏の甲子園には行けない——と。

しかし、甲子園への道は遠かった。

もちろん、横浜高だけが敵ではない。200校以上が出場する全国最激戦地といわれる神奈川県には、東海大相模高校、桐蔭学園高校、法政第二高校、横浜商大高校など、甲子園優勝校が犇《ひし》めいていた。実力の差は紙一重、拮抗していた。

正直、日大藤沢高監督に就任した当時の鈴木は、驚いた。丸4年間、青森商業で監督をしてきた鈴木だったが、神奈川の高校野球は熾烈さを極めていた。同じ高校野球でも青森と比べたら別世界のように思えた。

たとえば、夏の甲子園大会出場校を決める神奈川県大会の場合、そのプログラム『高校野球』は、カラー口絵もある180ページからなる立派なものだ。過去の大会記録や毎年の成績などが詳細に記されてあるばかりか、シード校監督の座談会も企画されている。もちろん、ベンチ入りする20人の選手が写真入りで紹介されており、各校監督が書く大会に臨むチームの戦力や方針も記載されている。プログラム『高校野球』は、現在は定価600円だが、鈴木が日大藤沢監督時代は500円。各会場で売られていた。毎年夏に財団法人神奈川県高等学校野球連盟が編集し、発行部数は約8000部。ほぼ完売するという。

プロ野球並みにサイン盗み

このぶ厚いプログラム『高校野球』は、神奈川県大会が開幕する約1か月前から編集作業に入る。つまり、各校監督が書く大会に向けての自チームの戦力や方針、ベンチ入りする20人の選手登録は、7月初め、開幕1週間前に一部変更は認められているものの、基本的には6月初めまでに神奈川県の高野連事務局に提出しなければならない。そのため情報が漏れてしまうこともある。

昭和63年の秋口だったと思う。日大藤沢のグラウンドを訪ねた私に鈴木は、こんなことをいってきた。手にはプログラム『高校野球』を持っていた。

「岡さん、神奈川は青森と違って、すべての面で厳しいです。青森商業で私が監督をやっていた当時は、開幕日でも選手登録を変更できましたからね。ところが、神奈川ではできない。そのため開幕前にケガした選手も登録されたままです。松葉杖で開会式に出てくる選手もいましたねえ……。

この神奈川のプログラムを見てください。各校の監督や部長がチームの投手力や守備力、攻撃力を700字程で書いていますよね。6月初めに県の高野連からプログラム作成のために書くように郵送されてくるんです。ところが、強豪チームの監督や部長は、絶対に本当のことは書かないらしいです。なんでかわかりますか？　実は、顔見知りの記者が教えてくれたんですが、プログラムが発行される前に、情報が漏れるというんです。コピーされたものが出まわるらしいです。もちろん、そんなものはあまり役に立つことはないと思うんですが、私にも心当たりがあります。この夏でした。ある監督とネット裏で試合を見ていたら、その監督がいうんです。試合をやっているチームと5月にオープン戦をやったときは、5人の投手をベンチ入りさせていた。ところが、プログラムには投手3人しか登録されていない。かなり投手力がついたんだろう、と。そういった感じでプログラムを深読みしてね、戦力を分析していましたよね。

それに、その監督と試合を見ながら、ついつい私は『序盤ならスクイズで点を取るよりも積極的に攻撃すべきだ』なんてね。調子に乗ってべらべらと解説してしまった。試合後に一緒に見ていた新聞記者にいわれましたよ。『鈴木さんは、お人好しだ。自分の野球をライバル監督に教えている』って。そう忠告されて私は、思わず『しまった！』と反省しました。本音を口に出しちゃいけないって……」

鈴木は、私を前につづけた。

「とにかく、神奈川の場合は、本当に気が抜けないんですよね。他校の野球関係者と酒を呑む席でも本音はいえない。タブーなんです。ところが、酒はときとして人間の気を許してしまうんですね。こないだ、岡さんも知っている監督と呑んだんですよ。そしたら彼がいうんですね。『まいったよ、あの場面はスクイズだったんだが、あの選手がサインを見逃してよお』なんて。そういいながら、自分の左腕を右手で触れた。つまり、その動作がスクイズのサインであることがピンとわかりますからね。私は、思わず笑っちゃいましたが、本当に神奈川は〝壁に耳あり障子に目あり〟の状況なんです。面白いといえば面白いんですがねえ……」

厳しい表情を見せて、鈴木はいった。

当然のごとく、全国一の激戦地神奈川だけにプロ野球並みにサイン盗みもあった。

鈴木にはこんな思い出がある。ある大会の5回戦だった。日大藤沢高と対戦する相手校は、甲子園出場経験もあるシード校。このチームの監督は、その指導力にも定評があったが、同時に対戦相手のビデオや自チームの選手を使ってやるサイン盗みにも長《た》けている。そういう噂がもっぱらだった。

試合前日だ。鈴木と親しい記者が電話で忠告してきた。鈴木さんのサインはすべて読まれていますよ、と。鈴木は「まさか！」と思ったが、気になることがあった。前の試合のとき、反対側のベンチ上からビデオカメラで日大藤沢高ベンチ内を撮っていた者がいたからだ。鈴木は不信に思っていた。

試合当日、監督鈴木は、試合前のミーティングで選手にいった。

「相手のチームは、日藤のサインを盗んでいるみたいだ。盗まれていると思って試合に臨むことにする。しかし、3回まではいままでと同じサインでいく。盗まれているかどうか確認する」

試合開始。初回、あっさりと先制点を奪われてしまった。ベンチから鈴木が捕手に出す球種のサインが読まれていたのだ。ベンチ内での鈴木の動作を相手チームの監督が見て、一塁と三塁コーチャーズボックスにいる選手にサインで知らせていた……。相手チームの攻撃終了後、捕手がいってきた。

「やっぱり、盗まれています」

「わかっている。でも、このままのサインで、打者が一巡する3回までやる。もう少し様子を見る」

そういう監督鈴木に選手たちは頷いた。

日大藤沢高攻撃のときも相手チームの監督は、鈴木がベンチから出すサインを読んでいた。なにせ相手投手は、ノーツーやワンツー、ツーツーといったカウントにもかかわらず、はずしてくるのだ。不利なカウントになることを承知で、打者との勝負を避けてきた。投手出身の鈴木は、確信した。相手は、オレのサインをすべて見抜いている。打者に出しているサインも読まれている。

4回を迎えた時点で監督鈴木は、すべてのサインを変えた。もちろん、捕手が投手に出す球種のサインも変えたため、相手チームの打者は戸惑った。3回までは見逃しの三振はなかった。球種がわかっていたため相手打者は、思いきり振ってきた。しかし、サインを変えると見逃すことが多くなったのだ。試合は2対1で日大藤沢高が勝った。

試合終了後、相手チームの監督が、ベンチ前にいる鈴木の元にやってきた。ニタニタ顔でいってきた。

「監督、サインどうしたんですか？　サインが違うじゃないですか？　途中から変えましたよね」

鈴木は、睨みつけた。そして、斜に構えながら一気にまくしたてた。

「おまえ、ふざけんなよ。おまえな、作家の色川武大の小説『麻雀放浪記』って知ってっか？　読んだことあるか？　映画化もされたよな。あそこでな、鹿賀丈史が演じるドサ健が、愛人まゆみの大竹しのぶを利用してな、イカサマをやった。相手は、高品格が演じた出目徳と真田広之の坊や哲だ。しかしな、出目徳も坊や哲もイカサマだといって騒いだか？　知らん顔して、逆にイカサマをやったよな。やり返したんだ。オレはそれをやったまでだ。イカサマといっても、オレの場合はルールにのっとって、仕返しをしてやっただけだ。わかったか」

その監督は、黙って鈴木の元から離れて行ってしまった。

しかし、さらに鈴木は驚いた。翌日、6回戦の試合のときだった。いつものサインに戻した。試合には勝ったのだが、完璧にサインを相手チームに読まれていた。試合後に鈴木は、相手チームの主力選手に何気なく声を掛けてみた。

「サインを見抜いていたのか？　すごいな、おまえらは……」

そういう鈴木に主力選手は、素直にいった。日大藤沢高が前の試合で対戦した相手チームの監督に、サインを解読したメモ書きをもらいました、と。鈴木は、呆然とした。開いた口が塞がらなかった。そこまでやるか、と。呆れ果てた。

鈴木は、私にいった。

「別に対戦チームの試合をビデオに撮ってね。サインを解読するのはルール違反じゃない。私もやったことがあります。岡さん、サインを読んでね、相手投手の球種がわかるっていうことは、すごいことなんです。見逃し三振ってないですから。ただし、こっちが読まれていることに気づいて、サインを途中から変える。そうすると、相手チームにとっては、これほど怖いものはないんです。頭がこんがらがるんですよ。

5回戦のときに対戦した相手チームには、後にプロ入りした大物選手がいた。その選手がプロ入りしたときにいっていました。『日大藤沢に負けたときが、一番悔しかった』ってね。あれほどのバッターでも、相手の球種がわかるということは、打者にとってこれ以上の安心感はない。しかし、サインを変えられると球種がわからないばかりか、相手にバレたという思いで不安感で頭の中がいっぱいになる。心の切り替えができないまま打席に立つ。そのため集中できないんです……」

PL中村監督の「野球は純粋に、フェアに」

横浜高監督の渡辺元智と鈴木との間でも熾烈な争いが展開された。

平成元年夏。決勝の横浜高対日大藤沢高戦、最後の土壇場のサヨナラ勝ちで夏の甲子園出場を決めた横浜高。しかし、日大藤沢高監督鈴木に、あの〝5人内野シフト〟の洗礼を浴びた監督渡辺は、日大藤沢高監督鈴木の存在を意識せざるをえなかった。監督歴20年を誇り、春と夏の甲子園優勝実績のある渡辺は、監督経験の浅い鈴木に負けるわけにはいかなかった。お互い闘志を燃やした。

こんなエピソードがあった。平成元年夏、あの〝5人内野シフト〟で対横浜高戦に負けた年の秋。地区大会が日大藤沢高グラウンドで行なわれたときだ。外野の芝生に寝っ転がり、草むしりをする格好で試合を眺める男がいた。鈴木は、気になった。守備につく外野手にいった。

「あの外野の芝生に寝そべって試合を見ている男、だれだか確認してこい」

守備からベンチに戻ってきた外野手は、監督鈴木にいった。

「横浜の渡辺部長です。間違いありません」

このとき鈴木は、ベンチから遠く外野の芝生に寝そべる渡辺の姿を見て、『孫子』を思った。敵を知り、己を知れば、百戦して殆うからず——。

昭和62年6月、日大藤沢高野球部監督に鈴木が就任して間もなくだった。会合で顔を合わせた際、渡辺は鈴木にいった。

「昔は、何としても東海大相模の原（貢）監督に勝ちたくってね。よく相模のグラウンドに練習を見に行ったもんだよ……」

鈴木は、あらためて指導者渡辺の凄さを垣間見た。当時の渡辺は、神奈川県高校野球連盟の理事の要職にも就いていた。試合ともなればネット裏からでも見ることができた。しかし、あえて渡辺は、全体を観察できる外野から見ていた。敵を知り、己を知る……か。鈴木は決心した。よーし、オレもやるぞ。

試合後、練習を終えると、その足で鈴木は、ナイター設備のある横浜高グラウンドに行った。グラウンドから離れた場所に車を止め、木陰に隠れて練習を見た。じっくりと観察した。

「部長の武藤に嘘をついたこともありましたねえ。『親戚《しんせき》が危篤だ』といってね、横浜の試合を見に行った。顔がバレないようにタオルで頬被りをしてね。忍者の真似ごとをしました……」

鈴木は、深い吐息をついて私に語った。そして、こうもいった。

「岡さん、200校以上も出場する神奈川で、ベスト4入りするだけでも至難の技です。相手チームの練習や試合を見て、サイン盗みなどをやらないと勝てないということよりも、そこまでやってでも勝ちたいということです。しかし、いくらサインを読んでも高校野球は勝てないんですよ。第一、相手投手が投球する球種がわかっていても、相手投手のコントロールが悪いとどうしようもない……。この辺がプロ野球とは違います。それだけ難しいんです。勝てる確率は5割もないと思いますね。

それに岡さん、相手チームのサイン盗みなどに躍起になっていたら、ものすごく疲れます。神経がボロボロになる。疲れ果ててしまう。監督が疲れるということは、それ以上に選手も疲れるということです」

私を前に鈴木は、天を仰いだ。うんざりした表情を見せた。大きく溜息をついた後、つづけた。

「平成4年の春だったですね。PLとオープン戦をやったときでしたね。中村監督が私にいってくれた。『鈴木君、試合に勝とう勝とうと思っても駄目だ。試合に勝つには、日頃の練習でどれだけ選手を鍛えているかだ。それも選手を考え、練習はのびのびとやらせるべきだ。へんに管理しては駄目だ』ってね。それまでの私は、PL野球は、単純に管理野球だと思っていた。たしかにPLの選手は全員が寮住まいだしね。生活は管理されていた。しかし、こと練習に関してはのびのびとやっていた。各自が目的意識を持って動いている。たとえば、フリーバッティングの際も、ノーアウト一塁といった場面を想定したバッティング、ゴロ打ちとか右打ちを徹底してやっていましたね。

それに中村監督は、こういってくれたんです。『野球は、純粋に、しかもフェアにやることが大事だ。それが横浜高に勝つ唯一の方法じゃないか』ってね、強調していってくれた。

岡さん、中村監督の話を聞いて、私は目からウロコが落ちた思いでした。その当時の私は、なにがなんでも勝ちたい一心だった。選手たちにのびのびとフェアに試合をやらせていたかどうか反省しました。それからです。表現は悪いんですが、横浜以外のチームは問題外と考えました。横浜だけをターゲットにして、練習に集中した……」

鈴木は、相手が甲子園優勝監督である渡辺でもものおじしなかった。思っていることをはっきりといった。たとえば、監督会議で渡辺と顔を合わせたときに、鈴木はいう。

「渡辺さん、横浜の選手は私に挨拶ひとつしてくれませんよ。礼儀がわかっていない。試合の際も同じです。攻守交代も遅いし、平気でグラブをベンチに投げつけています……」

それに対して渡辺は、答える。

「わかっている。だから、たまに説教しているんだ」

そういう渡辺に、鈴木はいうのだ。

「いや、違います。渡辺さん、単なる説教よりも対話です。選手には言葉が一番効きめがあるんです。『おまえ、それでいいのか？』の一言です。そういうと選手は、ドキッとします……」

鈴木は、第一章「孫子」の項で記したように『孫子』と『孫子の兵法』を熟読。要点をＡ４判の３枚の用紙に簡潔にまとめている。

《戦略・戦術の教え、「孫子の兵法」から》というタイトルが付けられた３枚の用紙を鈴木は、常にポケットにしまい込んでいる。試合前は、必ず目を通しているし、ユニホームの後ろポケットに入れている。

横浜高選手を見ると鈴木は、《戦略・戦術の教え「孫子の兵法」から》の中に記した「七つの基本条件」を諳《そら》んじた。

①普段は、どちらが立派な生活をしているか？
②将師は、どちらが有能であるか？
③「天の時」と「地の利」は、どちらに有利であるか？
④法令は、どちらが徹底しているか？
⑤軍員（部員）は、どちらが精強であるか？
⑥軍員（部員）は、どちらが訓練されているか？

⑦賞罰は、どちらが公正に行なわれているか?

……鈴木は、諳んじるたびに強く思った。

オレは、まだまだ指導者としては渡辺さんの足元にも及ばない。しかし、選手たちは別だ。あいつらは、本当に一生懸命だ。野球も勉強にも頑張っている……。

よく監督鈴木は、日藤選手を前にいった。

「横浜の選手を見てみろ。帽子を斜《はす》に被っている。ユニホームもプロを真似ているよな。ストッキングが見えないように裾《すそ》を長くしている。おまえらは、どう思っているかわからないが、横浜の選手があぁいった態度でいる限り、おまえらに勝てるチャンスがあるっていうことだ。横浜にはスキがあるぞ。

おまえらは、本当に真面目に野球に取り組んでいる。つまりな、横浜の選手が、おまえらのように真面目な野球をやってきたらどうなる? 絶対に勝てなくなるぞ。横浜の選手の才能は、おまえらよりも上だ。モノが違うぞ。だから、横浜の選手には余計なことはいうな。眠っている獅子を起こすことはないぞ。何をいわれても知らん顔をしてろよ。自分たちのペースでやるんだ」

鈴木が日大野球部監督に就任した後、横浜高野球部長の小倉清一郎が、鈴木にいったことがある。

「鈴木、ウチのチームは恵まれている。どのチームよりも選手の素材はすばらしい。しかし、やっぱり高校生だよなあ。全国優勝をすると、どうしても驕りが出てきてしまう。たまに監督が、選手にカミナリを落としている。高校生の指導は大変だよ……」

しかし、渡辺率いる横浜高の〝カベ〟はぶ厚かった。平成4年と平成5年、夏の甲子園の神奈川県大会準決勝で日大藤沢高は、横浜高と対戦するが敗退。平成6年夏は決勝戦でぶつかるが、呆気なく敗れ去った。

鈴木は、横浜高に負けるたびに半ばノイローゼ状態になった。夢の中に監督渡辺が出てくる。鈴木を嘲笑いながらしたり顔でいってくるのだ。鈴木、おまえは10の努力をしていると思うが、オレは20の努力をしているんだ、勝てるわけないだろうが……。

正直、鈴木は、一生かかっても横浜高には勝てないと思った。毎年、横浜高の〝カベ〟がどんどんぶ厚くなる感じだ。

そんな鈴木が、「打倒・横浜高！」を果たし、〝鈴木野球〟を成就させるのは、平成7年夏。日大藤沢高監督に就任して9年目。45歳のときだった。

第九章 「打倒・横浜」

〝ラッキー7〟で「打倒・横浜！」

平成7年の第77回全国高校野球選手権大会。２０５校参加の全国最激戦地、神奈川県大会が開幕したのは、7月9日だった。

その2日前の7月7日夜。午後7時から監督鈴木は、藤沢市湘南台の寿司店〝よろい寿司〟にいた。日大藤沢高野球部父母会主催の激励会に出席していたのだ。毎年恒例の激励会だったが、この年に限って鈴木は、出席を辞退しようと考えていた。なにせ毎年のように激励会を催してもらっていたが、選手の父母たちの期待を、ことごとく裏切っていた。あと一歩のところで念願の甲子園出場を逃がしてしまう。責任を感じるばかりではなかった。今年こそ「打倒・横浜！」と燃えてはいたが、またやられるのではないかという不安があった。正直、そっとしておいて欲しい、と思っていた。

しかし、そんな鈴木を説得したのが、父母会会長の高橋久蔵だった。

「監督、監督自身がそんな弱気でいてどうするんですか？　激励会は派手にやるべきものなんですよ。今年こそ『打倒・横浜！』を実現しましょう。その前祝いをするんです」

さらに、会長の高橋はこうもいった。

「監督、今年で甲子園大会は、第77回目を迎えるんですよ。ラッキー7です。だから、縁起を担いで7月7日の、それも午後7時から激励会をやりましょう。それに監督、当然監督は気がついているとと思いますが、ノーシード校の日藤が勝ち進めば、第1シードの横浜と対戦するのは7回戦目、準決勝のときです。監督、すべてはラッキー7なんです。監督、横浜をやっつけるためにも激励会をやりましょう。春には選手を連れて比叡山に行っています。延暦寺の叡南俊照住職の説法も聞いています。今年こそ勝てるし、勝つんです」

思わず鈴木は、笑みをもらした。頷いて納得した。

激励会が行なわれた〝よろい寿司〟の大広間には、38名の3年生部員の両親が顔を見せた。約100人が集まった。大広間は超満員。まさにスシ詰の状態の宴会だった。宴は約2時間ほどにわたって行なわれ、話題は「打倒・横浜!」に終始した。

最後に監督鈴木は、立ち上がって挨拶をした。

「こんなに盛大な激励会をしていただき本当にありがとうございました。今年こそは『打倒・横浜!』を成就させたいと、強く思っています。これ以上横浜に負けつづけたら、私は指導者として本当に大馬鹿者になってしまいます。笑い者になります。今年こそ一矢を報いたい。勝てると思ったことをすべてやります……」

ここで鈴木は、一呼吸おいた。激励会に出席した父母たちの顔を見た。つづけていった。

「私は、今年で日藤の監督になって9年目を迎えています。思えば、これまでの私は、毎年、最後の夏ということで3年生中心のチームで大会に臨んでいました。しかし、今年の私は、鬼になりました。春季大会でベスト16入りができなかったため、この夏はシード校になれなかった。実は、私はシード校になることを捨てたんです。選手に好きなようにやらせた。つまり、神奈川は、そんなに甘くないということを痛感させたんです。その結果、負けてノーシードになった。これでいいんです。シード校になると驕りが出る、プレッシャーにもなる。ノーシードの方がいいんです。そのためもありますが、自分なりに考え、勝てるチームを編成しました。みなさんも気がついていると思いますが、本来ベンチ入りできる3年生をはずして、2年生をベンチ入りさせています。もちろん、私の考えで20人のベンチ入り選手を決めました。

言い訳はしたくありません。責任のすべては監督の私にあります。いえるのは、いまの日藤は、強いです。私は、〝隠れ第1シード校〟だと思っています。そういえるだけの戦力があります。横浜を倒すことができます。応援のほどを宜しくお願いします。今晩は本当にありがとうございました……」

拍手が起こった。鈴木は深く頭を下げた。

宴会終了後、父母会会長の高橋は、監督鈴木と野球部長の武藤周二にいってきた。

「監督も武藤先生も、大会中は覚悟していてくださいよ。試合のたびにカツ丼を食べてもらいますからね。絶対に残しちゃ駄目ですよ。私ら父母会は、応援席で牛丼を食べることに決めました。監督たちはカツ丼で勝ち運を呼び込む。私らは牛丼で相手チームを牛耳るんです」

この高橋の言葉に、鈴木も武藤も大声で笑った。鈴木は、父母会会長の高橋を筆頭にした幹部の篠原周作、横沢利男、武笠邦夫、井上紀一たちに感謝した。ときに監督鈴木の指導法に口出しする父母がいたが、すべて高橋たちが抑えてくれた。〝鈴木野球〟を全面的に信じてくれたのだ。ただし、この激励会での鈴木も父母会幹部も、対横浜高戦で日藤ナインが奇跡を起こしてくれる、とは思いもかけぬことだった。それも0対7から大逆転劇を演じてしまうとは。

隠れ第1シード校が奇跡を起こした

激励会から数えて22日後。鈴木が公言したように〝隠れ第1シード校〟の日大藤沢高は、順調に勝ち進んだ。7月29日、予定通りに7回戦目の準決勝で監督渡辺率いる第1シード校の横浜高と対峙することになった。事実上の決勝戦といわれた。会場の横浜スタジアムは、約3万人の観衆で埋めつくされた。

しかし、試合は一方的な横浜高ペースで展開された。初回に2点先制し、2回にも3点を追加して5対0とリード。日大藤沢高の先発投手西村雅志を、早くもマウンドから引きずり落とした。さらに、2番手投手の左腕神崎吉正にも横浜高打線は、容赦なく襲いかかってきた。4回に3本の長短打を浴びせて2点追加。7対0と大きくリードしたのだ。だれもが横浜高の楽勝を信じて疑わなかった。

4回裏、日大藤沢高の攻撃が終わった時点での監督鈴木の心境は、はっきりいって破れかぶれ。そのため自ら頭を冷やす意味でユニホームの中に氷を入れる有様だった。三塁側の横浜高ベンチを見ると、好投するエースの横山道哉（現横浜ベイスターズ）が、隣りのサングラスをかけた選手とニタニタ顔でしゃべっていた。鈴木は、心の中で何度も叫んだ。あんな連中にオレは負けるのか、チキショウめ！

そんな監督鈴木が、微かながらも勝機を感じることができたのは5回表。横浜高の攻撃が終わったときだ。左腕の神崎が、たった6球で横浜高打線を三者凡退に抑えたからだ。

5回裏。日大藤沢高の攻撃に入る前に、鈴木は、檄をとばした。早口でまくしたてた。

「人間って、いつも試合のときに怖いよな。何が怖いんだ？　相手が横浜だからか？　違うよな。負けることが怖いんだろ。オレも同じだ。どうせ負けるんなら6対7だ。これなら来年につながる。後輩への遺産になるぞ。この回はな、ビッグイニングにするチャンスだ。神崎のピッチングも本調子になってきたぞ」

ここで呼吸を整え、さらに鈴木はつづけた。

「あのな、奇跡も起こるぞ。キャプテン、奇跡は偶然に起こるか？　違うぞ。やることをやってこそ起こるんだ。じゃあ、何をやればいい？　塁に出ることだよな。つまりな、打てないバッターは、どうすればいいんだ？　オレのサイン通りにやることだぞ。絶対に早打ちはするんじゃないぞ。1点ずつ奪い取ってな、ビッグイニングにするんだ！」

この監督鈴木の檄が奏功した。

先頭打者の8番神崎に対しての横山の第2球目は、避けることができない暴投ぎみの球だった。神崎の後頭部を直撃したのだ。崩れるように神崎は、うずくまった。ベンチをとび出た鈴木は、神崎の後頭部をタオルで冷やしながら、審判に臨時代走を要請した。と同時に鈴木は、デッドボールを投げたマウンドにいる横山の表情を見た。はっきりと動揺している表情を確認した。

つづく9番打者の捕手小野博道が打席に立つ前、鈴木はいった。

「小野、おまえは打てないんだからな。絶対に打ちにいくんじゃないぞ。サインはな、すべて〝待て〟だ」

ゲッツーを危惧した鈴木の指示だった。小野は、フルカウントからフォアボールを選んだ。ノーアウト一、二塁。1番打者の尾形佳紀（現広島）にまわってきた。準々決勝までの尾形は、23打数8安打、打率3割4分8厘。抜群の出塁率を誇っていた。ここからが勝負だ、と考えた鈴木は、ベンチ前で尾形にいった。

「尾形、かなり横山は動揺しているぞ。ファーストストライクが入るまで、手を出すんじゃないぞ。おまえの選球眼はな、プロ顔負けなんだからな」

尾形は、頷いた。打席に立った尾形は、バントの構えをして、さらに横山の動揺を誘った。尾形もまたフルカウントからフォアボールを選んだ。ノーアウト満塁。このときだった。横浜高監督渡辺が、ベンチから立った。動いたのだ。その渡辺の姿に視線を投げかけながら鈴木は、呪文を唱えるようにいった。そうだ交代だ、投手交代だぞ、横山をベンチに下げるんだ、渡辺さん……。

そして、エース横山を諦めてベンチに下げ、2番手投手の丸山哲史をマウンドに送るのを確認した鈴木は、ベンチ内で叫ぶようにいった。

「よーし、いただきだ。一丁あがりだぞ！」

鈴木は、渡辺の姿に12年前の自分を投影させたのだ。

昭和59年、青森商業監督時代の秋季大会のときだった。対弘前高戦のときだ。青森商業は、6回を終わった時点で7対0とリードしていた。エース泉敏がパーフェクトで抑える好投をみせる一方、打線も爆発していた。勝利は間違いナシ、と考えた鈴木は、7回から2番手投手斉藤英一（現NTT北海道）、さらに3番手の中村正二をマウンドに送った。このところ天狗になっていたエースにお灸をすえる意味もあったし、控え投手が3人もいた。そのための投手交代だった。

ところが、エースをベンチに下げた途端、チームがおかしくなった。考えられないエラーをし、サイン見逃しは当たり前。なんと同点に追いつかれてしまった。かろうじて延長戦の末、9対7で逃げ切ったものの、このとき鈴木は、いやというほど高校野球の怖さを思い知らされたのだ。

どんなことがあっても、エースをベンチに下げては駄目だ――。

エース横山をベンチに下げた監督渡辺を見て、鈴木が叫んだ理由はそこにあった。事実、鈴木の場合、先発した3年生エースの西村雅志がノックアウトされても、ベンチに下げることはなかった。そのまま5番打者としてレフトを守らせていた。

5回裏、ノーアウト満塁。待ってましたとばかりに日大藤沢高打線が爆発した。2番の寺嶋秀貴と3番の佐藤毅明が、つづけてレフト前にヒットを放って2点。4番の石上正也がセンターへの犠牲フライで3点目。ここでワンアウト一、二塁。つづく5番の西村の一塁へのゴロを横浜高の一塁手がエラーして、再び満塁。6番の寺田知弘が犠牲フライ。一気に4点をあげたのだ。2番の寺嶋から6番の寺田までの監督鈴木の指示は、すべて「積極的に打て！」だった。

4対7の3点差。5回裏の攻撃が終了した。選手たちが守備につく際、鈴木は叱咤激励をした。

「3点差なんか、ワンチャンスで追いつける。しっかり守るんだ！」

鈴木に、勝利へのたしかな光が見えてきたのは、6回表の横浜の攻撃が終わったときだ。5回につづき神崎が、横浜高打線を三者凡退に抑えたからだ。神崎の勝負球である左腕からの100キロ前後のスクリューボールが、コーナーに決まりだしたのだ。とくにアウトコース低目へのスクリューボールに横浜高打線は戸惑った。まったく手を出せなかった。

何を隠そう、神崎こそが「打倒・横浜！」の監督鈴木の〝秘密兵器〟だった。

ちょうど1年前の夏。日大藤沢高は、決勝で横浜高に2対7で涙を呑んだ。敗因は序盤、緊張のためかエラーを続出、失点に結びついたためだった。ついに追いあげることはできなかった。

しかし、監督鈴木は、この1年前の横浜高との決勝戦で大きな収穫を得ていた。終盤、日大藤沢高の左腕エース山田俊之の変化球が決まりだした。ときすでに遅かったが、横浜高の斉藤宣之（巨人）、紀田彰一（元西武）、多村仁（現ソフトバンク）などの上位打線を打ち取っていた。

横浜高の弱点は、左腕投手の変化球を打てないことだ――。

コーナーに決まるスクリューボールに戸惑っていたのだ。鈴木は、強く思った。確信した。

そこで鈴木が指名したのが、当時1年生だった左腕投手の神崎吉正だった。同じ1年生捕手の小野を相手に、1日300球の投げ込みを命じた。投手出身の監督鈴木自らが、スクリューボールを中心にカーブとスライダーの変化球の投げ方を、神崎に徹底的に伝授したのだ。

年が明けて平成7年を迎えた。しかし、春になっても左腕神崎は、まだまだ一人前の投手とはいえなかった。鈴木は、変化球を完全にマスターするまでは試合に登板させることを見送っていた。じっくり時間をかけた。孵化《ふか》するのを待った。

そのため春季大会に神崎を登板させることはなく、3回戦で横浜商大高に敗退。ベスト16入りを果たせなかった日大藤沢高は、夏の大会はノーシード校として1回戦から臨まなければならなくなったのだ。

ようやく鈴木が、左腕神崎を一人前の投手として認めたのは、春季大会終了後の5月に入ってからだ。埼玉県の強豪チームである春日部共栄高とのオープン戦で登板した神崎が、完封をやってのけたのだ。面白いようにコーナーをつくスクリューボールが決まった。相手打線を打ち取った。神崎は、一人前の投手に育った。

教育よりも勝負を優先

それから間もなくの5月末、だったと記憶する。その年初めて私は、日大藤沢高グラウンドを訪ねた。そのときに鈴木は、私にいってきた。

「岡さん、ようやく左腕の2年生投手を育てることができました。今年こそ『打倒・横浜!』です。これまでの屈辱を晴らせると考えています。期待していてください」

久しぶりに狩人のような厳しい目つきの鈴木を、そのときに見た。身がすくむような気概を感じた。そして鈴木は、私を前に深い吐息をついてつづけた。

「教育と勝負を秤にかけなければならない高校野球は、厳しいです。勝つことだけが高校野球じゃない、って。何度も岡さんにもいってきましたよね。しかし、今年の私は、鬼になります。3年間苦労してきた3年生の多くをレギュラーからはずします。そう考えています。

今年の1月1日でした。イの一番に3年生になる息子の章雅にいいました。『おまえは戦力外だ』って。そういいました。あいつはね、半ベソをかいていってきた。『ボクは、オヤジの野球を知りたくて日藤に入ったんだ』ってね。オヤジとしては辛かったです。でも、あいつなりに納得したんでしょう。マネージャーになってね、裏方としてやってくれています……」

夏の大会開幕1か月前、6月初めに監督鈴木は、20人のベンチ入り選手を決めた。2年生左腕の神崎にエースナンバー背番号1を与えた。さらにキレのあるスライダーを得意とする2年生投手の阿部順一を抜てきした。その代わりに、3年生投手の吉永幸生をベンチからはずした。吉永は、143キロの速球を投げるエース格だったため、とくに3年生部員は驚いた。監督鈴木に不信感を抱いた。父母会も黙ってはいなかった。

そんなときに監督鈴木の矢面に立ってくれたのが、父母会会長の高橋久蔵だった。父母会で強くいって説得した。

「監督なりに考えている。監督が選んだメンバーなんだから、絶対に父母会としては文句をいっては駄目だ。父母会は、黙って応援すればいいんだ……」

後に鈴木は、私にいっている。

「私が鬼になるといったのは、実は吉永をはずすことだったんです。岡さん、吉永は143キロの速球を投げるんですよ。ちょっとした高校生打者でも打てない。ただし、吉永は精神面に脆さがある。ピンチにまるで弱い。クソ度胸がないんです。私に、吉永自身がいうんですね。『ピンチになると何故かボールがストライクゾーンに呼び込まれます。打たれるたびにエクスタシーを感じます』なんてね。だから、ベンチから外した。部長の武藤がいってきました。『鈴木さん、使わなくともベンチ入りをさせるべきだ』ってね。

しかし、私は、心を鬼にして拒絶した。ベンチに入れると、ついつい使いたくなるんです。143キロですよ。ピンチのときに登板させたら、三振を奪ってくれるかもしれない、とね。ついつい使いたくなる。監督ってそういう習性がある。だから、あえて吉永をはずした。私は、鬼になったんです。勝つことだけを考えた……」

6回裏、横浜高攻撃を三者凡退に神崎が抑えたときだった。監督鈴木は、これまでの横浜高戦では味わうことができなかった胸の高まりを感じていた。勝てる、という思いが全身を包み込んでいた。これからが指揮官としての手腕の見せどころだな、と鈴木は強く思った。

6回裏の日大藤沢高の攻撃。先頭打者の8番神崎、9番小野が凡退してツーアウトになった。が、ここから試合が動いた。1番尾形が、ツーエンドスリーのフルカウントからライト前ヒットで出塁し、横浜高投手丸山のボークで二塁。2番寺嶋もまたフルカウントからレフト前にヒットを放った。当然、二塁ランナーの尾形は、三塁に走った。そして、三塁ベース上で一瞬、足を止めた尾形は、打球を捕球した横浜高レフト選手が、バックホームをせずに三塁手に送球する態勢に入った瞬間、三塁ベースからホームに突っ込んだのだった。まさに尾形の好判断、頭脳的な走塁だった。

5対7の2点差。押せ押せムードだ。ツーアウト一塁の場面で、つづく打者は3番佐藤。ツーエンドワンから一塁走者の寺嶋が走った。盗塁成功。ツーアウト二塁。それに応えるように佐藤が、センター前にはじき返し、二塁ランナー寺嶋が一気にホームまで駆け抜けたのだった。

6回が終わった時点で、日大藤沢高は1点差の6対7と迫った。

実況中継をしていた地元テレビ神奈川のベテランアナウンサー岡村光芳は、マイクを前に声を荒げた。

「1点差になりました、日大藤沢。7対6。平静を装います、渡辺監督。……野球は本当にわかりません。流れは完全に日大藤沢です……」

7回表、8回表の横浜高攻撃を日大藤沢高は、要所要所を締めた。左腕神崎のスクリューボールが冴えわたったのだ。

そして、8回裏の日大藤沢高の攻撃を迎える。

スコアは6対7。監督鈴木は、この8回が勝敗を分ける攻撃になる、そう直感した。7回裏の攻撃の際、ツーアウトから7番打者の塩島薫が、この試合で3個目のデッドボールを受けていた。それも頭への直撃だった。横浜高2番手投手の丸山は動揺し、ベンチにいる監督渡辺と部長小倉は、天を仰いでいた。選手に檄をとばそうともしなかった。完全に浮き足立っていた。

そんな横浜高ベンチを見ていた鈴木は、8回裏の攻撃に入る前、選手に円陣を組ませて叱咤激励した。そして、落ち着いた口調でいった。

「たったの1点差だ。オレたちのリズムだからな。この回は、じっくりと攻めるぞ。こっちはな、どんな策でも使えるんだ。とにかく、塁に出るんだ。一気に逆転だ。横浜の息の根を止めよう。焦らず攻めれば勝てるぞ」

8回裏。日大藤沢高の攻撃が始まった。9番小野が、二塁ゴロでワンアウト。つづく1番尾形が、この試合4個目のデッドボールを受けた。ワンアウト一塁。テレビ神奈川のアナウンサー岡村は、マイクを前にいった。

「デッドボールを出した後の投手の動揺です……。さあ、ワンアウト、ランナー一塁となりました。同点のランナー、さあ、日大藤沢……」

この試合後、鈴木は私にこういった。ワンアウト一塁ランナー尾形、あの場面が私と渡辺さんの采配が問われる対決のとき、クライマックスだった——と。

ワンアウト一塁ランナー尾形。この場面で監督鈴木が、2番打者の寺嶋に出したサインは、送りバントだった。と同時にベンチで鈴木は、次打者の3番佐藤と4番石上に指示を与えた。

「佐藤、石上、よく聞けよ。監督のオレは、ここで大バクチに出るからな。寺嶋がバントで尾形を二塁に送ったら、ツーアウト二塁だ。そしたら横浜の渡辺監督は、佐藤、おまえを敬遠してくるぞ。佐藤、おまえと勝負してきた場合、もしおまえに打たれても同点だ。つまり、横浜は、まだ余裕があるってことを見せたいわけだ。しかし、おまえを敬遠して、石上で勝負しようとしてきたら、渡辺監督はな、かなり焦っているということだ。佐藤、おまえを敬遠してきたら、オレのバクチの勝ち。石上、おまえで勝負してきたら、渡辺監督もバクチに出てきたということだぞ」

そして、監督鈴木は、佐藤と石上に念を押した。強くいった。

「佐藤、塁に出て、石上が打ったら何も考えずにホームまで突っ走れ。ツーアウトだということを頭の中に入れとけ。石上、おまえは好球がきたら思いきり打て。横浜の投手丸山は、ノーヒットでランナー一、二塁になったら、ガチガチに堅くなるぞ。接戦の場合、投手っていうのは、バントで送られるのが一番辛いんだぞ」

2番寺嶋は、サイン通り送りバントを難なく一発で決め、プレッシャーをかけた。ツーアウト二塁。つづく3番佐藤に対し、鈴木の予想通りに横浜高の監督渡辺は、佐藤との勝負を避けて、敬遠策に出てきた。監督鈴木は「よし！」といって、拳を握った。

ツーアウト一、二塁。バッターボックスに4番石上が入った。アナウンサーの岡村が、半ば興奮ぎみにさらに声を荒げた。

「冒険に出ました。ギャンブルに出ました。ツーアウト、ランナー二塁、一塁となりました。ウイニングランナー、一塁ランナーが敬遠フォアボールの佐藤。そして、二塁ランナーがデッドボールの尾形。それにしましてもノーヒット、ツーアウトながらランナー一、二塁。さあ、4番バッターの石上……」

背番号15、左バッターの4番石上が、バッターボックスに立った。私は、ネット裏から石上のバッティングを凝視した。2年生の石上は、大会開幕1週間前に急遽20人のメンバーに登録され、4番に抜てきされていた。

石上に対する横浜高投手丸山の第1球目は、アウトコースの高目にはずれるボール。ワンボール。そして、2球目は、インコースへのやや高目。石上は、ボールを呼び込むように無理な態勢からバットを強振した。石上の打球は、センター方向に打ち上げられた。そのときだ。一塁ベンチの監督鈴木が、大声を張りあげた。

「佐藤ー、走れーっ！」

一塁ランナーの佐藤は、猛然と走った。二塁ベースを駆け抜けた。二塁ランナーの尾形は、すでに三塁ベースをまわっていた。横浜高の二塁手池浦聡が、センターを守る幕田賢治に向かって叫んでいた。

次の瞬間だった。

思わぬプレーが私の目にとび込んできた。テレビ神奈川のアナウンサー岡村が、マイクを前に叫んだ。

「打ち上げました。センターです。……お、大丈夫かな。おーっと、落とした、落とした、落とした……。ひとりホームイン……。そして……逆転ランナーが、ホームイン……」

一塁側の日大藤沢高のベンチの選手たちは、佐藤がホームベースに滑り込む姿を確認した瞬間、叫んだ。

「監督の大バクチが当ったぞお！」

その大声に応えるように、鈴木も叫んだ。

「な、野球は足だぞ。佐藤の好走塁だ。足を骨折していてもフォアボールだったら、一塁には行けるんだ。でもな、そこからは足なんだ。きょうの佐藤は、百点満点だ！」

私は、三塁側の横浜高ベンチを見た。監督渡辺も部長小倉も呆然としていた。

大逆転劇から教訓を得た渡辺監督

日大藤沢高は、8対7と逆転した。さらにツーアウト二塁。まだチャンスはつづいている。鈴木は、二塁ランナーの石上に代走を送った。背番号20、主将の横沢正和だ。監督鈴木からアドバイスを受けた横沢は、笑顔で二塁ベースに走った。

5番西村が打席に立った。第1球目、真ん中高目にきた絶好球を西村は、ライト前にはじき返した。横沢は、走った。まるで野球少年が一生懸命に、ムキになって全力疾走している。私の目に横沢の姿は、そう映った。ホームに滑り込んだ横沢は、両手を上げてガッツポーズをした。

9対7。ついに日大藤沢高は、宿敵の横浜高相手に大逆転劇を演じたのだ。ネット裏の私は、2か月前の5月末に日大藤沢高グラウンドを訪ねたときのことを思い出した。鈴木は、私にいっていた。

「選手の肩の強さは、相手の足を止めるんです。そして、選手の足の速さは、相手の守備範囲を広くするんです。日藤の走塁に注目していてください」

9回表の横浜高最後の攻撃。

守備につく前に鈴木は、選手に最後のアドバイスをした。とくに神崎と小野のバッテリーにハッパをかけた。

「2点までは許す。同点だからな。同点になっても9回裏の攻撃があることを忘れるな。横浜は、最後の攻撃のために焦っている。変化球で勝負するんだ。スクリューでアウトロー攻めだ。絶対に打ち込まれないようにしろよ」

結果、1点を奪われたものの9対8で逃げ切った。ついに監督鈴木率いる日大藤沢高は、横浜高のぶ厚い〝カベ〟をぶち抜いたのだ。

その日の夜、私は、鈴木に電話を入れた。妻の美枝子が出た。苦笑しつついっていた。

「あの人、まだ戻ってきていないんです。きっと泣き顔を家族に見せたくないんじゃないですか。

パチンコでもしているんじゃないでしょうか……」

事実、その夜の鈴木は、パチンコ屋に閉店までいた。

翌日の慶応高との決勝戦。日大藤沢高は、難なく勝った。創部44年目にして、205校の激戦地の神奈川で、ノーシード校ながら優勝した。頂点に立ったのだ。

鈴木は、思いきり泣いた。

平成10年夏、横浜高前監督である現平塚学園高監督の上野貴士に、私は会った。上野は、あの平成元年夏の決勝戦で鈴木が〝5人内野シフト〟をやったときの横浜高監督だ。上野は、3年前、平成7年夏の横浜高相手に0対7から大逆転した日大藤沢高について、振り返ってくれた。

「どうして渡辺監督が、5回裏にエースの横山を降板させたのか。私には理解できなかったし、横山がベンチに下がった時点で、日藤の逆転を私は予想した。高校野球の場合、エースを引っ込めたら選手は動揺するんです。

この夏の甲子園大会で横浜は優勝した。エースの松坂大輔（現西武）が打たれても渡辺監督は、ベンチに下げなかった。外野を守らせた。渡辺監督は絶対に認めないと思いますが、あれは、鈴木さんの日藤に大逆転負けを喫したときの教訓です。私は、そう思っています」

私は、上野の言葉を黙って聞いていた。

第十章「就任」

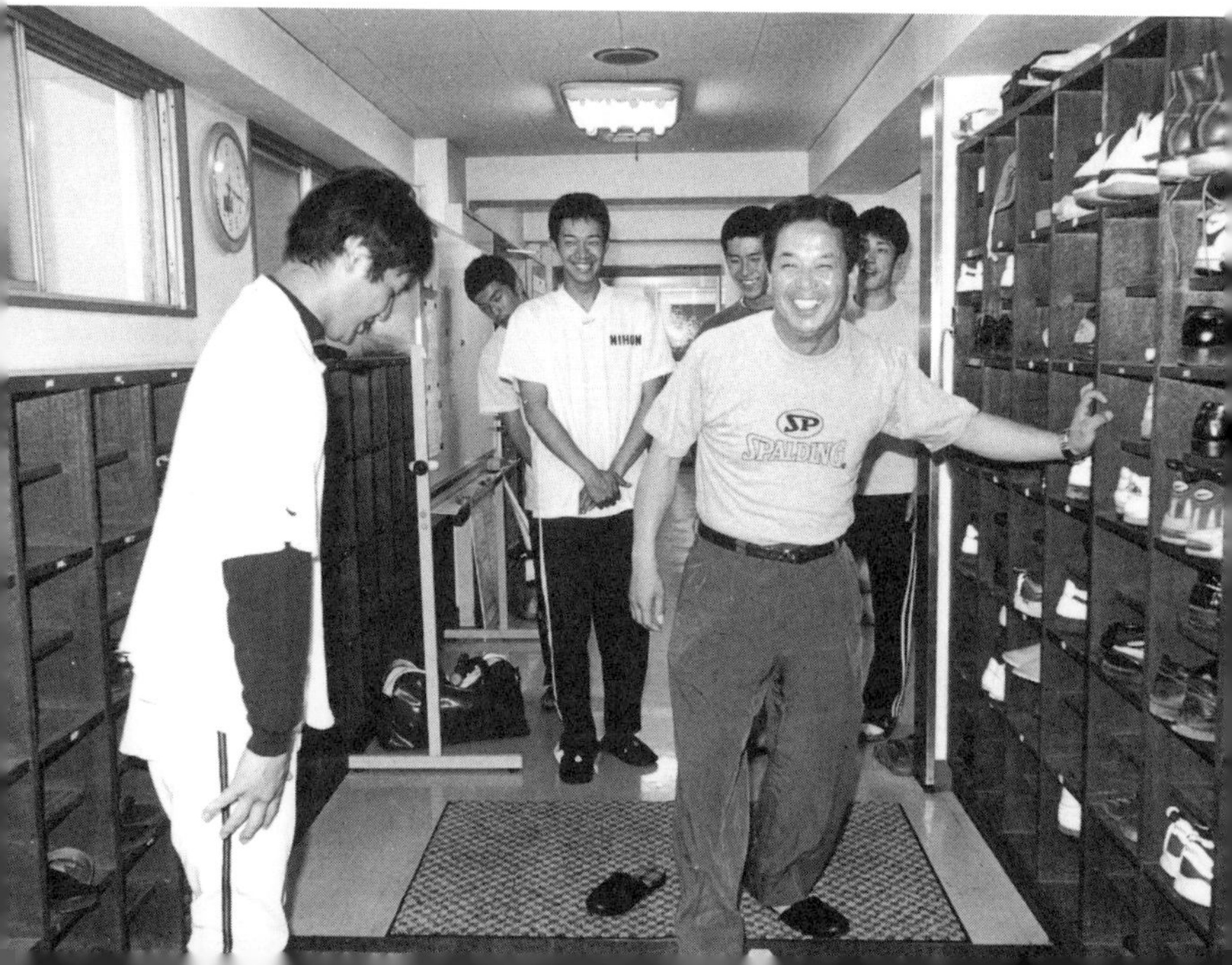

ＰＬ学園の前に屈した原因は

鈴木率いる日大藤沢高野球部は、初めて夏の甲子園大会に出場した。

初戦の相手校は、滋賀県代表の比叡山高校。4回表に先制点をあげられ、0対1とリードされた。しかし、8回裏に難なく逆転。夏の初陣を4対1で飾った。

つづく2回戦の相手校は、すでに第1章の「孫子」の項で記したように、その年の春の甲子園センバツ大会で優勝した香川県代表の観音寺中央高校。3対3で延長戦に入った11回裏だった。日大藤沢高の攻撃の際に観音寺中央高は、ワンアウト三塁の場面であの〝5人内野シフト〟に出てきた。しかし、手の内を知ってる日大藤沢高は、4対3のサヨナラ勝ちで逃げきり、ベスト16入りを果たした。

そして、3回戦は、監督中村順司率いるPL学園。日大藤沢高は、4回まで1対4とリードされて主導権をPLに握られていたが、5回裏に4点をあげて5対4と逆転した。しかし、7回表に強豪PLは、大量5点を奪って5対9とし、さらに9回表に1点追加。結局、日大藤沢高は、5対10でPLの前に涙を呑んだ。

甲子園大会から帰った後、電話を入れた私に鈴木は、早口でいった。

「岡さん、PL戦をテレビで観てくれましたか？　7回表にPLに逆転されましたよね。同点にされた後、PLの福留（孝介、現中日）が、ものすごく高い二塁方向へのフライを打ちあげた。

それをウチの二塁手の塩島（薫）が、捕球することができなかった。そのため逆転されたんですが、あれは、監督の私のミスです。あのときは、すでに陽が落ちて、時計の針は7時をまわっていた。照明灯がついていましたよね。

実は、岡さん、日藤のグラウンドには照明灯がない。つまり、ナイターになったときの練習ができないため、一瞬なんですよ、塩島は、打球の行方を誤まってしまった。捕球できなかった。ナイターの場合、高くあがったフライを捕球するときは、グラブを顔に近づけなければならないんです。遠近感がうまくとれない塩島は、グラブをはめた腕を伸ばして捕球しようとした。教えなかった私のミスです……」

そして、鈴木は、力強くいった。

「中村監督のPLと、今度は決勝でやりたいです。そのためにも一から出直します。来年も甲子園に行きます」

そんな鈴木に、日大野球部監督就任の話が持ち上がったのは、夏の甲子園大会出場を果たした3か月後、平成7年11月半ば。日大野球部は東都大学野球1部リーグ戦で最下位、さらに1部と2部リーグ入れ替え戦にも敗退、2部リーグ落ちが決まった矢先だった。日大野球部OB会である桜門球友クラブ会長の植原毅から鈴木に電話があり、まずは打診を受けた。

が、鈴木は、はっきりと断った。手塩にかけて育ててきた日大藤沢高野球部を離れることはできない。横浜高というぶ厚い〝カベ〟をようやくぶち抜いた。鈴木は、これからが本当の勝負だと考えていた。夏の甲子園大会終了後、日大藤沢高側が野球部のために盛大な慰労会を開いてくれた。その席上で監督鈴木は、挨拶の中で宣言していたのだ。

「私が理想としてきたチームをつくることができました。来年、もう一度甲子園に出場できるチームをつくりあげます。すでに来年春に入学してくる優秀な選手も獲得できました。3年後の平成10年には、神奈川国体が開催されます。このときは甲子園と国体出場の両方を担います。もちろん、目標は優勝です。とにかく、私の計画では、あと5年間で3回は甲子園出場を果たす予定です。自信はあります。そのくらい日藤野球部は大きく育っているということです……」

鈴木の日大野球部監督就任の話は、いったんは消えた。しかし、再度、桜門球友クラブ会長の植原から打診があったのは、1か月後の12月半ばだった。会長植原は、鈴木に強くいってきた。

「鈴木、おまえにも情報が伝わっているだろう。いまの日大野球部には問題が起こっている。上級生と下級生がうまくいっていない。別に2部落ちしたからといって、責任を取らせるため監督の和泉（貴樹）を辞めさせるんじゃないんだ」

たしかに、このころの日大野球部は、合宿所内で規律が問題になっていた。下級生部員が上級生に反旗を翻していた。

しかし、それだけの理由で鈴木は、日大藤沢高野球部を離れることはできなかった。それに当時の日大野球部監督の和泉は、単なる鈴木の後輩ではなかった。前述したように鈴木は、故郷小山での監督浪人時代に日大野球部の臨時コーチをしていた。その当時の日大野球部コーチが和泉であり、よく投手出身の鈴木、打者出身の和泉は野球を語り合っていた。

鈴木は、会長の植原にいった。

「会長、申し訳ありません。和泉は、私の可愛い後輩です。和泉を押しのけるようにして、私が監督になるわけにはいかないです。この話は、なかったことにしてください。それに会長、いまの私は、もう日藤野球部のことで頭の中がいっぱいです。新チームも順調です。日藤を離れることはできません……」

しかし、会長の植原は、引き下がらなかった。とにかく、日大野球部部長の竹内一樹（経済学部長）の元に顔を出せ、といってきた。有無をいわせぬ調子で、命令に近い感じでだった。

鈴木は、東京・千代田区神田の経済学部本部を訪ねる。その前に、日大藤沢野球部部長の武藤周二に事の次第を告げた。驚いた武藤は、声を荒げた。

「鈴木さん、絶対に断わってきてください。困ります。新チームの1年生、2年生を見捨てるんですか？　もし日藤を辞めることになったら、来年入ってくる新入部員に、どう説明すればいいんですか？　断わってきてください。約束です」

それに対して鈴木はいった。

「わかっている。大丈夫だ。じゃあ、行ってくる」

日大野球部監督就任は人事異動だ

神田の経済学部本部に出向いた。鈴木を待っていたのは、日大野球部部長の竹内と、森山憲一経済学部局長だった。森山は、学生時代からの鈴木の恩師であり、野球に情熱を燃やす鈴木をよく知っていた。鈴木が日大藤沢高監督就任の際、一肌脱いで強く推したのが森山だった。すぐに近くのホテルに案内された鈴木は、ふたりから説得された。

話し合いは平行線を辿るばかりだった。鈴木は、「申し訳ありません」をくり返し、竹内と森山は「鈴木、おまえでないと日大野球部を再建することはできないんだ」と、何回となく強調した。

話し合いは、3日間にわたって行なわれた。まさにホテルにカンヅメ状態にされて鈴木は、説得されたのだ。3日目に恩師の森山が、鈴木にいった。

「鈴木、もしおまえがな、日大野球部監督に就任した場合、どうやったら再建できると思うんだ？おまえだったら、どんなビジョンで再建してみたいんだ」

森山の言葉に鈴木は、その気にさせようったって、そうはいかないぞ、と思った。鈴木は、森山と竹内を見た。だが、日大野球部再建の道はないわけではない。鈴木なりの考えを述べた。

「私が思うに、とにかく、愛される野球部にすることが先決です。かつての日大は、東都大学野球の中で名門でした。だから、再びリーダーシップの取れるチームにしなければなりません。正直いって、いまの野球部の練習を見ている限りでは、選手にやる気があるかどうかわかりません。私が思うに合宿生活を含めて、日常生活に問題があるのではないか。なんか自信めいたような姿が見られません。あれでは、入部時には優秀な選手として評価されていても、入部後は伸びません。

いまの野球部を再建するには、根の部分から変えなきゃ駄目だと思います。いまの日大野球部は、名門という仮面を被っているだけで、中味が伴っていません。とにかく、日大野球部には推薦入学制度もあります。優秀な選手も獲得できます。グラウンドも寮も完備しています。表向きには環境はいいのですが、選手が環境を壊しています……」

鈴木は、思っていることを素直に述べた。黙って聞いていた竹内と森山は、鈴木の話が終わるといってきた。

「鈴木、おまえなりのビジョンで、新たな日大野球部の伝統をつくれ！」

「おまえの話を聞いたら、おまえしか再建はできないな。これで決まりだ」

当然、鈴木は「困ります」と固辞した。だが、最後に森山は、ダメ押しというべき科白を口にしてきた。

「鈴木、おまえの日大野球部監督就任は、日本大学の人事なんだ。人事異動で決まったんだ。鈴木なら野球部を再建できる……」

〝人事異動〟というひと言が、鈴木の心に強く焼きついた。さらに鈴木の心の奥底で、「大学野球を指導する」ことに義務感を抱いていたのも事実だった。

鈴木は、昭和62年春から9年間にわたって日大藤沢高野球部監督を務めた。その間、教え子たちを日大に送り込んだ。さらに東京六大学野球や首都大学野球リーグを推薦した。本音としては、教え子全員を母校日大に進学させたかった。しかし、鈴木は、ためらった。日大野球部に入った教え子たちが、鈴木の元にやってきては愚痴をこぼしていたからだ。上級生からの体罰がひどすぎる、講義に出席できない、なんのために大学に入ったかわからない……。

そのたびに鈴木は、教え子たちにいった。

「おまえらが、野球部を変えるんだ！」

しかし、鈴木の叱咤激励は奏功しなかった。期待していた教え子が伸びないばかりか、いつしか野球から離れていく……。日大藤沢高の選手たちの間でも囁かれた。このまま日大に入るよりも、他の大学で野球をやった方がいいぜ……。

森山と竹内と別れた鈴木は、頭の中を整理しなければならなかった。帰宅途中、サウナに寄った。身を清めながら考えることにした。

サウナに入りながら4か月前、夏の甲子園大会に出場したことを思い出した。大観衆の前で采配を振った。感激した。多くのマスコミに囲まれ、胸を張り、マイクを前にしゃべった。選手たちが笑った、泣いた。あの感動をもう一度味わいたい。いや、これからは　毎年のように味わうことができるかもしれない。正直、人気のない大学野球をやるよりも、華やかな高校野球の方がやりがいがある。日大藤沢高と隣接している、いわば親元の日大生産資源科学部局長の山内一夫は、夏の甲子園出場を決めた際に鈴木の両手を握り「おまえは日藤の宝だ」とまでいってくれた……。

サウナ室から出た鈴木は、冷水を浴びた。浸った。冷水は鈴木に、冷静さを取り戻させたかもしれない。鈴木は、強く思った。オレを育ててくれたのは、日大ではなかったのか、野球をきちんと教えるのが指導者としての役目だろうが、大学野球はマイナー？　人気がない？　観客が少ない？　だったら人気が出る野球をすればいいじゃないか、努力すればいいだろうが……。

鈴木は、決心した。水風呂から勢いよく出た。

あえて火中の栗を拾う

12月27日夜。鈴木は、家族会議を開いた。居間のテーブルを囲み、妻の美枝子、長男の章雅、長女の慶子を前にした鈴木が、口火を切った。

「お父さんには、いま、大学の方から話がきている。日大野球部の監督に就任しないかという話だ。お父さんは、引き受けてもいいと思っている。みんなの意見を聞かせて欲しい」

この夫の言葉に、まず妻が異議を唱えた。

「お父さん、冗談じゃありません。生活も安定してきたし、日藤も強くなってきたじゃないの。それにお父さんは、日藤に恩義を感じていないの？」

「感じている。オレは、いろんなことを考えた末、おまえたちに話をしているんだ。たしかに大学の監督になるのは、大きなギャンブルかもしれない。しかし、オレは、あえて火中の栗を拾うことにした。いざ鎌倉だ……」

当時、1年生で日大藤沢高野球部でマネジャーをやっていた長女は、半ば泣き顔になっていった。

「お父さんがやめたら、私たちはどうなるの？」

両手で涙をぬぐった長女は、泣き声でつづけた。

「……でも、お父さんの好きなようにしたほうがいいと思う。大学が弱いと、高校も強くなれないと思う……」

高校3年生だった長男は、3年間父の下で野球をやっていた。長男がいった。

「オヤジは、いつも全国優勝をするんだといっていた。神奈川で6校目の甲子園優勝チームになるといっていた。でも、もうオヤジは、高校野球のほうはいいと思う。大学野球のほうが向いていると思う……」

「たしかにいってた。湘南高、法政二高、東海大相模、桐蔭、横浜につぐ6校目の優勝チームにするといっていた……。でも、なんでだ？　お父さんが、高校野球に向いてないという理由でもあんのか？」

そう聞く父に、長男は答えた。

「ボクは、オヤジの野球を3年間見てきたけど、高校生には理解できないところもあった。でも、レベルの高い大学でなら、オヤジが目ざす理想とする野球ができると思う……」

家族を前にした鈴木の脳裏には、日大藤沢高監督時代、9年間のさまざまな場面が浮かんでは消えた。

平成2年春、甲子園センバツ大会出場を決めた夜だった。自宅に電話をかけてきた記者の取材に、妻が応じた。鈴木は怒った。夫の苦労話を他人にしゃべってどうするんだ！　妻は、泣いてあやまった……。

宿敵横浜高を屠《ほふ》り、決勝戦で慶応高に楽勝。念願の夏の甲子園大会初出場を決めた日の夜、鈴木は、しこたま酒を呑んだ。帰宅したのは深夜だった。玄関のドアを開けると、妻と長男が正座をして待っていた……。

長女が、マネジャーとして野球部に入ってきた。娘は、ついつい部員の前で「お父さん」と呼んでしまった。監督の鈴木は、見向きもせずに無視した……。

家族会議は、1時間以上にも及んだ。最後に夫は、妻に頭を下げていった。

「オレは、日大野球部監督の話を、天命と受け止めたい。もう一度だけ苦労してくれ」

身長176センチ、体重78キロの鈴木は、躯を縮めるようにして妻に頭を深く下げた。反対していた妻の美枝子は、そんな夫の姿を見て、やおら立ち上がった。夫の横にきた。立て膝をつき、夫の肩をポンと叩いていった。

「お父さん、やりなさいよ。強くするのは、お父さんの得意技じゃないの。〝総監督〟の私が保証するんだから、大丈夫よ」

〝鈴木野球〟をみんなで守る

翌日、鈴木は、日大藤沢高の野球部長武藤周二に報告した。肩を落とす武藤に鈴木は、いった。

「オレは、9年間で日藤野球を確立したと思っている。武藤、おまえは、オレの野球を一番理解しているはずだ。選手のスカウトをきちんとやっていれば、もっともっと日藤は強くなる。オレは、大学を建て直す」

父母会や後援会の幹部たちにも会った。だれもが絶句した。裏方として選手のフィジカル面を担当していたトレーナーの東澤武彦などは「日藤の灯が消えるよお！」と叫んだ。当時のスポーツを理解していた校長の松田明、日大藤沢高野球部OB会の世話人である山上孝夫も驚いていた。

山上は、鈴木に辞任の理由を問い質した。

しかし、鈴木の説明にだれもが納得した。

「監督、〝鈴木野球〟をみんなで守る」

そういってくれた。山上は、落ち着いたら盛大な送別会をやりましょう、とまでいってきた。

鈴木は、あらためて自分が日大藤沢高でやってきたことに誇りに思った。


年が明けた平成8年1月1日付で、鈴木は、日大野球部監督に就任した。そして、1月9日、鈴木は、東京・世田谷区の日大野球部合宿所に足を運んだ。選手を前に挨拶をした。学生野球の原点を説いた。

「……とにかく、野球をやるための、いい環境にしようじゃないか。とくに選手たちは、合宿環境をよくしなければならない。つまり、いまのままでは人間環境がなっていないと思う。大学の野球部は、身体を鍛練する場ではあるが、同時に人間を鍛練する場でもある。

たとえば、先輩後輩の上下関係。昔からタテ社会があって、いろんなシキタリもある。しかし、時代錯誤の今風でないものもある。上級生は6時半に起きて食事をして、再び寝る。上級生が起きてくるまで、下級生は大学に行くことができない。そういうシキタリはくだらない。平常の学校生活を送ることも、講義に出ることも大切なんだ。ちゃんと勉強したという満足感があれば、練習をやっても充実感を覚える。野球部以外にも友人をつくり、酒を呑んで騒ぐ。彼女とデートする。そうすることによって、学生生活が面白くなるんだ。野球だけが人生じゃないんだ。それには、最上級生が自覚と責任を持ち、率先して行動を起こす。また、下級生は上級生を尊敬し、目標にすることだ……」

約40分間、鈴木はしゃべった。

当時、2年生のマネジャーだった梅沢直充が、私に振り返ってくれた。

「まさに鈴木監督は、革命を起こすぞ、という感じで合宿所に乗り込んできましたね。日大藤沢高出身の野球部員たちは、『ヒロシがきたら、厳しくなるぞ!』なんていっていたため、私自身は不安だったんです。しかし、実際、いろんな悪い面を改善してくれました。

たとえば、先輩からの意味のない説教や体罰もなくなりました。それまでは、理由もなしに合宿所の屋上に先輩に呼び出され、2時間も3時間も正座させられたこともありましたから……。もちろん、大学の講義も受けることができるようになりました。恥ずかしい話ですが、私が1、2年生で取得した単位は、たったの4科目14単位だったんです。ところが、鈴木監督になった3年生のときは、44単位も取得できました。私にとっても革命でした。

それに鈴木監督は、『オレの悪口でもいって、たまにはガス抜きをしろ!』といって、月に1回、監督抜きの選手全員参加のしゃぶしゃぶやスキ焼きパーティを開かせました。チームワークをよくするためです。いつでも資料をコピーできるように、合宿所にコピー機をリースで入れた。最初は、選手の私用のためには使わせなかったんですが、私たちマネジャーが、『監督、コピー用紙代は安いです』といったら『じゃあ、どんどん使え』って。柔軟性のある監督でした。

とにかく、鈴木監督は、アイデアマンでした。合宿所内に有線放送を引き、クラシック曲を流す。選手の右脳を刺激し、情緒を安定させたんです。門限は、とりあえず10時と変わらなかったんですが、自然と先輩たちも守るようになった。不思議でした。やっぱり、革命でした……」

鈴木の日大野球部監督就任が、正式に発表されたのは、平成8年3月半ばだった。就任に際して鈴木は、野球部長の竹内一樹に申し出た。就任してから5年間は、私の好きなようにさせてくださ い、そして、5年間の私を見て、才能がないと判断したのなら、いつでもクビにしてください、私は、潔く監督の座をあけ渡します、と。

鈴木の就任挨拶状が、私の元に届いたのは4月になってからだった。

〈……さて 私儀、このたびの日本大学野球部の監督への就任に際しましては、ひとかたならぬご高配を賜り、身に余るご厚情と深く感謝申し上げます。前任の日本大学藤沢高等学校では、皆様方の温かいご支援の下、二度の甲子園出場を果たすことが出来ました。大変貴重な体験をさせて頂き感謝の念に耐えません。高校野球に多少の未練があることは偽らざる心境ですが、これも「天命」と受け止め、皆様のご期待にお応えするべく、専心精励努力いたす所存でございますので、今後とも相変わらぬご高配を賜りますようお願い申し上げます……〉

一陣の風を吹かせ、疾風のごとく駆け抜けていった

鈴木が、日大監督に就任した際、神奈川県の高校野球関係者だれもが呆然とした。平塚学園監督の上野は「冗談だろう！」と絶句した。上野は、私にいっていた。

「日大監督就任が決まってからだね。鈴木さんから連絡があった。『上野、オレは大学のほうでやるよ。本音としては、もっと日藤でやりたい』といっていた。鈴木さんは、負けん気が強いしね。もっと横浜高の渡辺さん、桐蔭の土屋（恵三郎）さん、東海大相模の村中（秀人）さん、武相の木本（芳雄）さん、横浜商大高の金沢（哲男）さんたちとやりたかったと思うね。もちろん、私も鈴木さんの日藤とやりたかった」

あの平成元年夏、平成7年夏の日大藤沢高対横浜高戦を実況中継した、テレビ神奈川のアナウンサー岡村光芳は、私の取材にこう表現した。

「神奈川に一陣の風を吹かせ、疾風のごとく駆け抜けていった。その男が、鈴木博識」

解説をした高木誠三郎もいった。

「あの〝5人内野シフト〟の試合、0対7から大逆転した横浜高戦も名勝負。鈴木監督が神奈川

を去ったのは残念です」

そして、横浜高監督の渡辺元智は、鈴木の日大監督就任を知ると、電話をかけてきた。

「鈴木、おまえのようなライバルが神奈川にいなくなってさびしいよ。今度、女房と一緒におまえのいない日藤の練習を見に行くことにする。おまえがいなくともライバルは日藤だしな。鈴木、大学でも暴れろよ」


日大監督に就任した鈴木を、私が日大グラウンドに訪ねたのは、5月に入ってからだった。久しぶりに五十嵐康朗にも会った。鈴木の日大監督就任を知った五十嵐は、青森山田高監督の座を辞任。鈴木の参謀役としてコーチに就任していた。私の顔を見ると五十嵐は、気をつけの姿勢をとり、帽子を取った。深々と頭を下げてきた。私は、日大藤沢高でコーチ修業をしていた五十嵐の姿を思い出した。

練習後、鈴木と私は、新宿に出て酒を呑み交わした。

「日藤時代の経験は、私の球史にしっかりと刻んでおきます。いい勉強になりました。こうして日大の監督としてやっていると、痛感します。息子の章雅が、『オヤジは、レベルの高い大学野球のほうが向いている』といっていましたが、考えてみれば、私は、あと1か月で46歳です。50歳になってからでは大学野球に挑戦する自信はありません。それに、野球への私のスケベ根性でしょうね。いまは、やる気満々です」

開口一番、鈴木は、そういった。ビールを一気に呑み干した。つづけて語った。

「岡さん、このことは、まだ公表されては困ります。だから、岡さんと私のふたりだけの秘密にしておいて欲しいんですが、この春の甲子園センバツ大会で優勝した鹿児島実業高の投手、下窪《しもくぼ》（陽介）を知っていますよね。下窪、来年の春に日大に入ることがほぼ決まりました。

この4月、センバツが終わって、すぐにとらやの羊羹をお土産に持って、鹿児島に行ってね。鹿実の久保（克之）監督に挨拶をして『是非、下窪を獲得したいです』といったんです。久保さんは、日大の私の大先輩なんですが、『鈴木、考えておく』といってくれました。そしたら、ついこないだでしたね。久保さんから電話が入って『鈴木、すぐに鹿児島にこい』って。リーグ戦中ですからね、まいりましたよ。でも、練習後に羽田に急いで行って、5時すぎの鹿児島行きの飛行機に乗った。飛行機は修学旅行の女子高生で満杯でね。もう異様な感じでしたよ……」

当然のごとく、一方的に鈴木は、私を前にしゃべった。すでに日大野球部監督として行動を起こしていた。頭の中は、早くも日大のことでいっぱい、という感じだった。

私は、頷きながら杯を重ね、鈴木の話を聞いた。

「で、鹿児島に着いてね。久保さんの行きつけのカラオケスナックに連れて行かれたんですが、ここからが岡さん、クライマックスなんですよ。久保さんは、ものすごい芸達者でね。そのカラオケスナックに三度笠と合羽、刀などを置いていてね。カツラを被って『旅姿三人男』をうたいながら、木枯紋次郎のモノマネをする。直立不動の姿勢での、東海林太郎の『赤城の子守唄』なんか最高でしたね。

それで、久保さんが、突然でしたね。私にいってきたんですよ。『鈴木、次の歌をオレのあとにつづいてな、2番をうたえ。この歌は、オレが上京して日大に入学した当時に流行していた歌だ。きちんとうたったら、オレはな、下窪のオヤジを口説いてやる』って。だから、私は、久保さんに聞いたんですね。『監督、だれの歌ですか?』ってね。そしたら、久保さんが『鈴木の年代は知らねえかもしれんな。新川二郎って知ってっか?』って。しめた！　と思いましたよ。新川二郎だったら『東京の灯よいつまでも』のヒット曲しかありませんからね。『いや、監督、なんか聞いたような名前ですけど、うたえるかどうかわかりませんよ』って。トボケちゃってね。バッチリ、うたいましたよ。久保さん、感心していましたねえ。『鈴木、その調子なら母校の監督をまかせることができる』ってね……」

鈴木は『東京の灯よいつまでも』を口ずさみながら、得意顔を見せた。私は、大声で笑った。同席していた4年生マネージャーの山上洋介も笑っていた。

それから1か月後だった。鈴木に電話を入れると、下窪の日大入りが決定したといっていた。

第十一章「セオリー」

選手とのノミニケーション

日大野球部監督に就任した鈴木は、2年目の平成9年の秋季2部リーグ戦に優勝。1部リーグ戦で最下位となった東洋大学との入れ替え戦を制した。高校野球から大学野球に転じ、わずか2年での1部リーグ昇格は、異例だった。当の鈴木でさえも5年程度、早くとも3年はかかると計算していたのだ。

しかし、日大の選手たちに、最初から〝鈴木野球〟がすんなりと受け入れられたわけではない。ほとんどの選手は、ルールブックさえ持っていなかった。考える野球を理解していなかった。

そのため監督鈴木は、合宿所で徹底してミーティングをくり返した。日藤時代の教本を大学野球用に改訂し、選手たちに配布した。さらにノートに書き写させ、グラウンドで叩き込んだ。鈴木は、合宿所を訪ねた私にいったものだ。

「高校生の場合は、教本を渡すと一生懸命に読んで覚えようとする。ところが、大学生は、はっきりしている。読む者は真剣に読むんですが、読まない者はまったく読まない。これでは困る。読まない者に理解させるためにも書き写させたんです」

また、監督鈴木は、できるだけ選手に近づこうと考えた。合宿所に寝泊まりし、風呂に一緒に入り、背中を流し合う。居酒屋で呑む。当然、酒席は野球教室になってしまう。私も同席したことがある。よく鈴木は、選手を前に声高にいった。

「大学は、監督と選手が本音でぶつかり合える。高校生と酒を呑んだら出場停止間違いナシ、だもんな。ノミニケーションは、最高だよな」

そういう鈴木に、笑いながら選手たちは大声を出す。

「監督、プレーボール！」

その声に合わせるように鈴木は、例によって野球教室を始めるのだ。

「あのな、塁間は90フィートだよな。約27《メートル》43《センチ》だ。たとえば、ホームベースから1塁ベースまで、右バッターなら何歩で走れると思う？　高校生は、だいたい16歩。大学生は、16歩か15歩で走る。ところが、プロの足の速い選手は、14歩で走り抜けるんだぞ。平均すると1歩にかかる時間は約０・２５秒だ。野球の場合、足が速いというのは、単に１００《メートル》を11秒台で走るっていうことじゃないぞ。機敏さがないと駄目なんだ。いかにすばやい動作をするかだ……」

「ときたま試合が長びくと東都でもナイターになるよな。照明がついたときは、とくに投手は気をつけろよ。捕手が照明によって浮きあがる。近くに見えて遠近感が狂う。投球するボールに高低のぶれが出るんだ。球場の明るさは、快晴だと普通は６０００ルクスだそうだ。ところが、ナイターだと約３５００ルクスだといわれている。昔、巨人の江川は、デーゲームで投げるのを嫌っていたよな。あれは、捕手が遠くに見えて、自分のボールが遅く感じるからだぞ。逆に打者は、ボールがよく見えて打ちやすくなるんだ……」

「〝和製スティングル〟といったら、日大の大先輩の亡くなった香椎瑞穂さんのことだよな。香椎さんが、よく監督のオレにいっていたぞ。『サウスポーの選手は、みんな歌がうまいぞ。オンチはいないぞ』ってな。たしかにその通りなんだ。理由はわかんないが、こういう話って面白いよな。そう思うよな……」

就任1年目の監督鈴木が、もっとも悩んだのが、選手起用についてだった。どうしても〝鈴木野球〟を熟知する日大藤沢高時代からの教え子を起用するため、一部の選手から不満の声が出た。

「なんで1年の寺田が、スタメンなんだ。あいつの打率、1割以下だぜ」

「古賀がマスクを被るの？　あいつも日藤出身だからなあ」

試合前夜、合宿所の掲示板にベンチ入りする25名とスタメンが発表される。スタメンに日大藤沢高出身選手の名前が、5人も出ていたこともある。

当時、3年生だったレギュラーの仙北谷誠は、私にこういっていた。

「悩んでいたと思いますよ、鈴木監督は。全国各地の野球名門校の主力選手が、日大に入ってきていたしね。もろに鈴木監督を『たかが高校野球の監督じゃないか』なんていう上級生もいた。とくにあの当時の日大の選手は、勝てば選手のお手柄、負ければ監督のせい、と思っていましたからね」

この点に関して当時の鈴木は、声に苦悩を滲ませながらいった。

「岡さん、正直にいえば、日藤出身の選手を特別な目で見ているのも事実です。でも、日大の先輩の倍賞明さんと河村道夫さんは、試合を毎回見にきてくれてね。励ましてくれます。『鈴木が信じる野球をやれ。選手に気を使うな』って。嬉しいです。ただし、日藤出身者を重荷に感じることもあるんです。下級生の寺田なんか、私が殴らないことにいい気になって、平気で私の前でタバコを吸っているしね……」

退部者も出た。ある選手の場合は、父親がグラウンドにきて監督鈴木を怒鳴った。なんで息子を使わないんだ！　と。鈴木は、選手の親が口を出してきたら、お仕舞いだと考えていた。私の不徳のいたす限りです、どうぞ息子さんを連れて帰ってもけっこうです、と。そう鈴木は、頭を下げていった。

もちろん、退部を申し出てきた部員を説得したこともある。前出の仙北谷がそうだった。仙北谷は、関東第一高校から推薦入学で野球部に入部していた。仙北谷が、語った。

「別に鈴木監督に不満はなかったんですが、1年と2年のときはレギュラーにもなれなかったしね。その上、講義も受けられなかった。だから、退部して大学だけに絞りたいと思ってね。鈴木監督に退部を申し出た。そしたらいわれましたよ。『おまえ、それは矛盾している。おまえは、推薦で入学してきた。つまり、おまえのせいで一般の受験生がひとりは不合格になっている。野球部在籍で卒業する義務があるんだ』ってね。考えてみれば、鈴木監督のいうことは道理に合ってたしね。それで野球をつづけることにしたんです」

そして、仙北谷は、こう付け加えた。

「結局、退部を申し込んだことを機会に合宿所を出た。半年間だけ監督は、休部扱いにしてくれた。その間、講義に出たんです。そしたら学生としての充実感を実感してね。家のまわりを走り出した。本当に野球をやりたくなったんです。で、野球部に戻ったんですが、それまでは合宿所を出れば、絶対にレギュラーにはなれなかった。そういった不文律があったんですが、鈴木監督は、自宅通いの私をレギュラーで使ってくれた。そのため、通いでもレギュラーになれるっていう、前例をつくった。これもひとつの鈴木監督が、日大野球部にもたらした革命でした」

監督の代わりに選手が拳を

日大野球部に〝鈴木野球〟が浸透し始めたのは、就任2年目の平成9年春あたりからだ。

こんなことがつづけてあった。

春季2部リーグ戦が開幕する直前だった。4年生捕手の古賀恭一が、監督室にやってきた。日大藤沢高出身の古賀は、平成2年の中学3年生の春に甲子園センバツ大会に出場した日大藤沢高に憧れ、佐賀県から日大藤沢高に入学してきた選手だった。主将を務めていた。

古賀は、監督鈴木を直視していった。

「監督、今シーズンの方針を教えてください」

「もちろん、2部で優勝をして、1部への入れ替え戦に臨むことだ。決まっているが、どうしたんだ？」

それに対して古賀は、はっきりといった。

「監督、もうボクの仕事は終わりました。3年生の今井を使ってください。もし今回も優勝できずに1部に上がれなくとも、来年につながります。今井を使ってください。監督、ボクよりも今井を使った方が、チームに厚みが出ます」

このとき監督鈴木は、オレの心を古賀は見抜いた、と感じた。事実、春季2部リーグ戦開幕を直前にした鈴木は、正捕手に4年生の古賀にすべきか、3年生の今井を使うか迷っていた。

監督鈴木は、古賀を凝視していった。

「古賀、オレがいうべきことをいわせてしまったな。わかった。今井でいく！」

春季2部リーグ戦が開幕した。

今度は、3年生捕手の今井康輔が、監督室にやってきた。

「監督、4年生は、卒業と就職、それに1部復帰の気持ちでいっぱいです。1部昇格には、3年生以下の下級生が一丸となることが大事です。監督は、就任してから一度も選手を殴っていません。場合によっては殴ってください。そのほうが選手のためだと思います……」

そういってきた。実は、就任した際に鈴木は、選手の前で宣言していた。オレも殴らないが、おまえらも下級生に手を出すな、と。

「今井、おまえの気持ちはわかる。でもな、オレは、人を殴るのは嫌いだ。それに殴って動くような選手じゃ駄目だ。オレは、殴らない。オレの気持ちを理解してくれればいいんだ」

それから数日後だった。対中央大学戦で負けた次の日の練習のときだ。2年生の4番打者佐藤毅明の練習態度に、古賀とともに4年生の控え捕手であり、学生コーチだった金子知憲は、カチンときた。佐藤は、日大藤沢高出身だった。監督鈴木の前で、金子は佐藤に馬乗りになった。まさにボコボコになるまでぶん殴った。

卒業した金子は、故郷の栃木県佐野市に住んでいる。私は、金子を訪ねて聞いた。金子は、証言した。

「とにかく、オレは、悔しかったんだ。練習での佐藤には、まったく覇気がなかった。だから、オレは、鈴木監督の気持ちをこいつはわかってねえ、と。そう思って殴った。あのときのことはよく覚えています。『おまえ、ふざけんな。監督のことを、少しは考えろ！』って。そうわめきながら、ぶん殴った。鈴木監督と五十嵐コーチは、黙って見ていた。最後に鈴木監督が『金子、わかった。やめろ』といって、止めてくれた」

佐野日大高校出身の金子は、平成5年の夏の甲子園大会に出場。主将だった金子は、選手宣誓の大役を果たしていた。日大入学後の金子は、ついにレギュラーの座を得ることはできなかったが、監督鈴木の指導ぶりに傾倒していた。佐野日大高時代の監督松本弘司は、日大野球部出身であり、鈴木の一級下だった。松本は、金子にいっていたのだ。鈴木さんの下で野球をやれるおまえは幸福者だ、たとえ補欠でもしっかりとやれ、と。

そんな金子だったため、不甲斐なく見えた後輩の佐藤を、殴ったのだ。

さらにこの話には、後日談がある。その日、練習から合宿所に鈴木が戻ると、監督室に4年生の古賀恭一がやってきた。面目ないといった表情でいった。

「監督、申し訳ありませんでした。金子にやらせてしまいました」

「古賀、本来なら、佐藤を殴るのは、おまえだよな。日藤の先輩のおまえが、佐藤を教育するんだよな」

そういって監督鈴木は、古賀に正座を命じた。古賀は、頷いた。

対中央大戦で勝ち点を失った日大は、春季2部リーグ戦での優勝を諦めなければならなかった。しかし、思わぬ収穫があった。この中央大戦は、〝鈴木野球〟を選手たちが理解する絶好の契機となったのだ。

4月22日、4対8で負けた試合のときだ。日大攻撃でノーアウト一、二塁の場面があった。チャンスだ。打者は、4番佐藤だった。ベンチにいる選手のだれもが、バントだと思った。それが、セオリーだからだ。

ところが、監督鈴木は、佐藤にヒッティングのサインを出した。途端、ベンチ内の選手たちは、ざわついた。ウソだろう、次は当たっている4年生の5番打者西内宏じゃないの、なんでヒッティングなんだよ？

結果、4番の佐藤は三振。試合は負けた。選手たちから不満の声があがった。ヒロシのヤツ、何を考えているんだ、何が頭を使う野球なんだ、と。帰りのバスの中は、監督鈴木への批判の声でいっぱいだった。

合宿所に戻ってからも同じだった。選手たちは、コーチの五十嵐康朗にまで問い詰めてきた。若い五十嵐は、選手たちの兄貴分的存在だ。しかし、五十嵐は、素っ気なくいい放った。

「文句や不満があるんなら、直接、監督にいえばいい。おまえらは、高校野球をやっているんじゃないよな。自分が思ったことを、はっきりと監督にいえばいいんだ。オレはな、単なるおまえたちと監督のパイプ役じゃないんだよ」

五十嵐にはわかっていた。

本当のセオリーは選手との約束を守ること

日大藤沢高でコーチ修業した五十嵐は、鈴木の紹介で青森県の青森山田高校野球部監督に就任。

平成3年から7年までの5年間で、2度の甲子園出場を果たした。が、前述したように鈴木の日大野球部監督就任と同時に、青森山田高を退職し、日大野球部コーチを買って出た。

平成5年夏。そんな五十嵐であったが、就任3年目で青森山田高を甲子園初出場に導いた対東奥義塾高校との決勝戦のときだった。0対2とリードされていた6回表、青森山田高攻撃のときだ。まさに同じ場面がきた。

ノーアウト一、二塁。当然、東奥義塾高側は、バントシフトに出た。ところが、監督五十嵐は、打者にヒッティングのサインを出した。1球目、ストライク。打者は見逃がした。バントの構えさえもしなかった。途端、味方の観客からも罵声がとんだ。

「五十嵐、気でも狂ったのかあ！」

「バントだ、バントだろう。バカヤロー！」

青森山田高の理事長兼野球部長の木村隆文も、五十嵐にいってきた。

「五十嵐先生、ここはバントだろう？」

五十嵐は、無視した。その瞬間だ。カキーン！　打者は、ライト前にヒットを打った。その後は、見事なつるべ打ち。打者13人を送り、一気に9点を奪ったのだ。試合は、9対3で青森山田高の大勝だった。甲子園初出場を決めた。

試合後、理事長兼野球部長の木村が、五十嵐に尋ねてきた。

「なんでヒッティングのサインを出したんだ？」

五十嵐は、説明した。

「約束です。選手との約束を守っただけです。鈴木さんに教わったんです。野球の本当のセオリーは、選手との約束を守ることだ、と。あのバッターには、私の命令でバントの練習をさせていませんでした。あくまでもチャンスのときは、ヒッティングでいくといっていたんです。約束をしていました。だから、ヒッティングのサインなんです」


4年前、青森山田高監督時代に身をもって経験していた五十嵐は、あえて監督鈴木に聞け、と日大の選手たちにいったのは、そのためだった。

翌日、選手の不満を知った鈴木は、選手を集めて説明した。

「なぜ、監督のオレは、4番の佐藤に打たせたか。ヒッティングのサインを出したかだ。たとえば、だ。佐藤にバントのサインを出して、成功したとする。この場合は、ワンアウト二、三塁になるよな。で、次は5番の西内だ。この場合の中大は、どんな策に出てくると思う？　きっと中大は、西内を敬遠で歩かせてくると思う。満塁策に出ると考えられる。つまり、監督のオレは、せっかくのチャンスの場面で、クリーンナップの佐藤と西内を働かせなかったということだ。クリーンナップというのはな、きれいに一掃することだよな。打者を一掃する働きをするために、ククリーンナップという。

この1年間を振り返ってみてくれ。オレは、4番の佐藤にバントをさせたことがあるか？　バントの練習をさせたことはないよな。また、おまえたちも佐藤にバント練習を指示していない。ここが大事だぞ。練習でやらせてないことを、本番でやらせる。これは酷だ。バントは90パーセント以上の成功率を持って試合に臨むのが、監督としての自論だ。また、バントは、方向性よりも打球の強弱を重視する。佐藤だって長く野球をやってきたのだから、おそらく成功しただろう。しかし、ふだん練習をやっていない者が、確実にバントできるかというと疑問だ。成功すればマグレ、失敗すれば当たり前。そうだよな？

それにな、バントをさせれば、確実にワンアウトを相手にやることになる。それによって相手投手が立ち直ることもあるんだ……」

鈴木は、つづけた。

「ノーアウト一、二塁でバント。たしかにセオリーだよな。でも、もっと深いセオリーがある。それは、監督と選手の約束ごとだ。もちろん、ここはバントだ、と思ったらワンアウトで4番打者でもバントをやらせる。逆にここは打ちだ、と思ったらノーアウト一、二塁でもヒッティングのサインを出す」

選手全員が納得した。

平成9年春季2部リーグ戦で日大は、優勝争いに加わることはできなかった。しかし、監督鈴木は、たしかな手応えを感じた。なによりも〝鈴木野球〟を選手たちは、受け入れてきた。それに、2年生の左腕投手吉野誠（現阪神）が、エースに育ちつつあった。

平成9年秋季2部リーグ戦が開幕したのは、9月8日だった。日大は、開幕戦の拓殖大学戦に連勝。勝ち点をあげた。問題は、第3週目に控えている、9月22日からの対国士舘大学戦だった。この年の春季2部リーグ戦で優勝し、入れ替え戦に臨んでいた国士舘大から勝ち点をあげなければ、2部優勝はない。そう監督鈴木は、読んでいた。

その優勝をかけた対国士舘大戦のときだった。第1戦目、2対1とリードしていた日大は、ノーアウト一、二塁の追加点のチャンスを迎える。打者は4番佐藤。ここでも監督鈴木は、ヒッティングのサインを出した。結果は、ショートゴロのゲッツー。しかし、選手たちに不満はなかった。2対1で逃げきった。

そして、翌日の第2戦目。今度は1対2とリードされているときだ。再びノーアウト一、二塁のチャンスのとき、またしても4番佐藤に打順がまわってきた。監督鈴木のサインは、ヒッティング。右打者の佐藤は、バット一閃。右翼席に逆転スリーランを放った。ベンチ前で佐藤を出迎えたナインたちは、ヘルメットを被る佐藤の頭をボコボコと殴った。佐藤は、はにかむように大きく両手をあげていた。

この国士舘大からの勝ち点が利いた。最終週の対中央大戦に国士舘大は連敗。日大は、2部リーグ戦で優勝を決めた。1部リーグ戦で最下位となった東洋大学との入れ替え戦に臨む。

とにかく、選手たちは、2年間もの2部リーグ生活に屈辱感を抱いていた。

神宮球場で全試合をやる1部と違い、2部は隣の神宮第2球場を主戦場にしている。神宮球場での試合はない。とくに1、2年生時代に1部リーグ戦を経験していた4年生にとっては、たまらなかった。

4年生のときに金子とともに学生コーチだった石神康太の証言。

「神宮第2球場は、狭いうえにゴルフ練習場と兼用しているじゃないですか。だから、朝早く行くと、グラウンドにゴルフボールが落ちていたりする。ボクらと同じ学生がやっているしね。すべての面において1部とは違う。1部だと試合前のバッティング練習は、両チームが30分ずつできる。でも、2部の場合は、30分間に両チームが、一塁側と三塁側でやるんですから。照明灯もないんで、日没コールドもある……。

それに、同じ時間に隣で1部チームが試合をやっていることもある。そんなときは、どよめきにも似た歓声が聞こえたりしてね。それにひきかえ、2部リーグの観客は、数えられるほど少ない。頭にくるのもわかるでしょう。思いますよ、オレたちの野球は一体なんなんだ、って。1部と2部の差は、天国と地獄ほどの違いがありましたからね」

選手のだれもが思った。早く1部に昇格して、隣の神宮球場で本物の野球をやろうぜ、と。

第十二章「入れ替え戦」

21大学が加盟する東都大学野球は、1部から4部リーグまである。リーグ戦は、春と秋に開催され、各リーグ戦の最下位チームと、その下の優勝チームが入れ替え戦をやっている。昭和6年春に東京五大学リーグ戦としてスタートした東都大学野球は、平成12年で69年の歴史を誇っている。とくに東京六大学野球では見ることのできない1部と2部の入れ替え戦は、野球通の注目を集めている。〝人気の六大学〟に対して〝実力の東都〟といわれるのは、厳しい入れ替え戦があるためだ。

東洋大学野球部を率いて28年の監督高橋昭雄を、埼玉県川越市のグラウンドに訪ねた。監督高橋は、通算8度の1部優勝を果たしているものの、同時に最下位を7度も喫し、そのたびに入れ替え戦を経験。2度ほど2部に転落している。高橋は、入れ替え戦を次のように表現した。

「見ている観客にとっては、たしかに面白い。しかし、試合をやっている監督や選手たちにとっては、生き地獄だよ。勝てばいいけど、負けて2部落ちすると地獄。あのネットで囲まれている神宮第2球場で試合をやるたびに、私は、サーカス小屋で野球をやっていると感じた……。サラリーマンでいえば、重役が平社員に降格させられた感じ。まさにリストラだよ」

日大と東洋大との入れ替え戦は、リーグ戦全日程終了から10日後、平成9年11月7日から3日間にわたって行なわれた。3回戦方式で試合は行なわれ、2勝したチームが1部に昇格、もしくは残留する。

《東洋大研究》を選手全員に配布

初めての入れ替え戦を前に、まず監督鈴木は、ビデオカメラで撮影した東洋大の試合をチェックし、戦力を分析した。東都大学野球連盟は、この秋季リーグ戦からネット裏からのビデオ撮影を解禁していたのだ。ちなみに平成11年春季リーグ戦からは、再びビデオ撮影を禁じている。プロ野球ダイエーのスパイ騒動が起こったためだ。

ビデオで徹底的にチェックした鈴木は、《東洋大研究》と題したレポートを作成した。Ａ４判の3枚の用紙からなるレポートには、次のように記されていた。

〈歴史＝昭和37年に1部リーグに昇格するも、2シーズンで2部転落。再び1部に昇格したのが、昭和42年春。東都では中堅のチーム。通算8回の優勝経験あり。途中、平成元年に2部転落あり、近年では平成8年春、平成9年春と入れ替え戦を経験。高橋監督は、ベテランの指導者。特徴は、オーソドックスな野球を展開し、右方向に打たせる野球を強調。右投げ左打ちの選手を好んで使う。スクイズをやらない監督として有名。

投手陣のチェック＝倉則彦（左腕エース）――ストレートＭＡＸ１４２キロ。常時１３５～１３９キロを出す。ただし、テークバックのときに左肩が下がるため、高目の球が多い。カーブは、１１５キロ前後で、あまり使わない。１２５キロ前後のスライダーは、右打者の膝元、左打者のアウトローにキレよく決まる。フォークは、１１８キロ前後で、彼のウイニングショット。左打者のときは、あまりコントロールはよくない。右打者には思い切った投球をする。走者一塁のときは、一塁牽制をつづけてやることが多い。走者二塁のときは、牽制球を投げるが、それほどうまくない。つまり、三塁への盗塁は成功率大。フィールディングは普通。捕手からのサインを受け、セットポジションに入るときにクセあり。変化球を投球する場合は、セットアップしながらボールを見る。しかし、ストレートのときは普通の動作でセットアップし、ボールを見ない。とにかく、エースの倉は、ストレートを多投し、どちらかというと高目に入ってくる球が多い。右打者の膝元、左打者のアウトローにスライダー。追い込んでフォークを投げてくる。

三浦貴（右）――ストレートＭＡＸ１３９キロ。常時１３３キロ～１３７キロを出す。ストライクを先行する投手のため、監督としては使いやすい。カーブは、１１５キロ前後。セットポジションからでもストライクが先行する。スライダーは、１２５キロ前後。フォークも投げる。

鈴木功（左）――左の軟投派投手。カーブとスクリューぎみのシュートを投げる。ストレートもシュート回転をする。牽制球もうまい。セットポジションに入って、下を向くと牽制球を投げるクセあり。

予想オーダーのチェック＝◎１番・前田忠節（三塁）――ベルト付近は強いが、外の変化球とストレートに弱い。右打ち。◎２番・山崎英紀（二塁）――ベルト付近しか打てない。ライト線への長打もない。センター中心へのバッティング。左打ち。◎3番・増田浩之（ショート）――インコースへの緩い球は注意。右打ち。◎4番・矢端大誉（レフト）――振りまわし。とくに外への変化球に弱点あり。右打ち。◎5番・桜井大介（ライト）――シャープな打撃。右方向にうまく打つ。右打ち。◎6番・鎌田充貴（指名打者）――別になし。右打ち。◎7番・久保田智（センター）――肩口へのカーブは注意。ただし、速い球に弱い。本来の4番打者。左打ち。◎8番・小川将俊（捕手）――外への球をレフト方向にとばす。出合い頭に注意。右打ち。◎9番・川本大（一塁）――左方向への打球が多い。セーフティバントに注意。左打ち。

守備の特徴＝◎捕手陣――捕手の小川は、長身で肩もよく、見ばえのする選手。しかし、スローイングは遅く、送球のコントロールに不安がある。◎野手陣――二遊間はしっかりとしているが、一、三塁は、あまりうまいとはいえない。外野には、特別にうまい選手はいない。とくにレフトの守備選手は、よく交代する。つまり、守備に難点があるからだ。

走れる選手――前田、山崎英、増田の1番から3番まで。それに5番の桜井、9番の川本に注意。二塁盗塁は積極的に走ってくるが、三塁盗塁はあまりしてこない。

まとめ＝①相手の東洋大も必死だ。闘争心においても5分5分だ。重要なのは、いかに冷静になるかだ。そこに差が出る。格好よくヒットを打つよりも、相手に精神的プレッシャーをかけること。それは、相手に余計なプレーをさせることだ。それに、何よりも大切なことは、相手を気にしないで自分を信じること。自分に勝つ。②投手は、神宮のスピードガン表示を気にするな。1、2キロ速い球を投げてもしょうがない。ピッチングは、コントロールと頭脳だ。③教本を、もう一度よく読んでおくこと――〉

この《東洋大研究》を選手全員に配布した。

結果を先に記せば、入れ替え戦での日大は、2勝1敗で制した。1部昇格を果たす。第1戦と第3戦を掌中にしたわけだが、まさに〝鈴木野球〟が発揮されたのだが、この2試合だった。

守備に自信のない選手の盲点

第1戦目。日大は、2年生のエース吉野誠（現阪神）が先発。東洋大は、予想通りエース倉則彦を投入してきた。

両左腕の投げ合い。まさに息詰まる投手戦となった。0対0のまま延長戦に突入した。9回が終わった時点で、吉野が許したヒットは2本。120球の好投ぶりだった。対して倉も被安打3、投球数も100球と絶好調。

ベンチの監督鈴木は、9回まで動かなかった。9回表の東洋大攻撃終了後、吉野に声をかけた。

「吉野、東洋は、7回あたりから早打ちにきてるよな。焦っている証拠だぞ。いけるか?」

監督鈴木の声に吉野は、冷静な表情で頷いていった。

「いけます。焦っているのは、マウンドからもわかります」

この吉野の言葉で鈴木は「勝てる！」と確信した。延長戦まできてしまったか、という焦りが東洋大側にはあるはずだ。鈴木は、胸の鼓動が高まるのを覚えた。

一方の東洋大の監督高橋は、案の上、焦りを感じていた。

監督高橋は、入れ替え戦を控えたミーティングで、吉野対策を打ち出していた。インコースに入ってくるスライダーぎみの球には手を出すな、アウトコースへの球を引きつけて打て。そういう指示だった。ところが、この日の吉野は、思いのほかインコースへの球のキレがよかったのだ。監督高橋は、手の打ちようがなかった。

10回表、東洋大の攻撃。この回で東洋大監督高橋は、試合の主導権を握りたかった。3番増田は、空振り三振を喫したものの、4番小川がライト前にヒット。つづく5番桜井は、フォアボールを選んだ。ワンアウト一、二塁。この試合、初めてのチャンスがやってきたからだ。次打者は、この試合で4打席目を迎える矢端。そろそろヒットが出てもいいはずだ。

矢端に対しての吉野の1球目は、インコースへのボール。2球目も同じ。ノーツー。三塁側ベンチの監督高橋は、身を乗り出した。チャンスだ！　次に吉野は、アウトコースにストライクで逃げてくる。矢端は、好球なら打つ。少なくとも待って、ワンエンドツーのカウントにするはずだ。しかし、吉野のピッチングは、監督高橋の読みをみごとはずす。

マウンドの吉野は、逃げなかったのだ。《東洋大研究》のデータ通り、振りまわすクセのある矢端に対し、スライダーぎみのストレートを胸元に投球したのだ。瞬間、監督高橋は、声を発した。嗚呼！　矢端のバットが動いたからだ。打球は、三塁方向に転がった。5―5―3。ダブルプレー。三塁側ベンチ内で肩を落としながら監督高橋は、呟いた。

どうして吉野のあの球に手を出したんだ……。いや、吉野の出来がよすぎるのか――。

延長戦は、11回までもつれ込んだ。

そして、11回裏の日大攻撃。9番黒川耕平が、粘った末にセンターフライ。ワンアウト。つづく1年生の1番尾形佳紀が、倉の3球目を左中間に打ち返した。

このときだ。

三塁側ベンチの監督高橋は「やばい！」と舌打ちした。実は、入れ替え戦直前のオープン戦でレフト矢端は、フェンスに直撃。ケガをしていて十分に走れなかった。矢端がもたついた。

それを見抜いた尾形は、二塁ベースを駆け抜けた。

監督鈴木は、三塁ベースを目がけ疾走し、ヘッドスライディングをする尾形の姿を見た。心の中で声高に叫んだ。

これが、オレの目ざす野球なんだ、尾形は、オレの野球を試合でやってくれた――。

試合後、鈴木は、私に次のように説明した。

「岡さん、あの左中間への当たりで尾形は、一気に三塁まで突っ込んだ。あれが、私の目ざす野球なんです。平成7年夏に横浜に大逆転で勝った。あのときも足で勝った。あれなんです。日藤時代から尾形には、ことあるごとにいっていた。ワンアウト三塁の場面をつくれ、ってね。つまり、足でやる野球なんです。もし、ノーアウトやツーアウトだった場合、左中間に尾形が打ったとしても、120パーセント大丈夫、と確信したとき以外は二塁ストップです。

ただし、ワンアウトの場面は、相手チームの野手の肩を考え、自分の足に自信があれば三塁を狙えと教えている。尾形は、足に自信があるため、ヘッドスライディングで三塁に突っ込んだ。ワンアウト三塁。この場合なら、こっちはどんな策でも出せるんです」

ワンアウト三塁。ここで監督鈴木は、ついに動いた。タイムをかけた。三塁コーチャーズボックスにいたコーチの五十嵐を呼んだ。

「康朗、わかっているな」

「ハイ。レフトフライだったら、尾形を突っ込ませるんですね？　どんなフライでもですか？」

「そうだ。宮内には、少なくともフライを打たせる。だから、タッチアップで尾形をホームに突っ込ませろ。康朗、ここで一気に決めるぞ！」

と同時に監督鈴木は、次の2番打者である左の宮内英晃に指示を与えた。

「宮内、これまでの4打席を振り返ってみろ。倉はな、おまえのバッティングを読んでいるぞ。

そのため、4打席ともアウトコース攻めだ。1球もインコースに投げてないよな。だからな、素直にアウトコースへの球を狙え。カウントによっては、スクイズもやる。しかし、とにかく、レフト方向に打球をとばせ」

宮内は、監督鈴木に頷いた。打席に向かった。

宮内への倉の3球目は、予想通りのアウトコースへのカーブだった。両手を伸ばしてバットを振った。鈍い音とともに打球は、ショートの後方にふらふらと上がった。交代したばかりの東洋大レフトの阿部智由貴が突っ込んだ。捕球した。瞬間、三塁コーチャーズボックスに立つコーチ五十嵐が、三塁走者の尾形に大声を張りあげた。

「GO！」

東洋大レフト阿部は、その声にあわてた。三塁手への返球は、三塁手の前でバウンドする始末だった。バックホームへの返球は遅れた。尾形は、余裕を持ってホームベースを駆け抜けた。東洋大レフト阿部の完全な凡ミス、エラーだった。あっけない幕切れだった。

第1戦目を日大は、サヨナラで飾った。《東洋大研究》には、外野には、特別にうまい選手はいない。とくにレフトの守備選手は、よく交代する。つまり、守備に難点があるからだ――と分析されていた。

この点に関しても鈴木は、試合後に私の質問にこう答えた。

「あの場合でいえば、守備に自信のある外野手なら、どんな打球に対しても準備を怠らないもの。だから、あわてることはないんです。ところが、守備に自信のない選手は、まさか、走ってこないだろう、と、決めつけてしまう。自分で勝手に判断し、油断してしまうんです。そのためタッチアップされると、あわてるんです……」

翌11月8日の第2戦目。日大は、東洋大に屈する。1勝1敗。最終戦にもつれ込む。しかし、監督鈴木は、さほど焦ることはなかった。

第2戦目終了後の鈴木は、ウォークマンでポール・モーリアが指揮する曲を聴きながら電車を乗り継ぎ、川崎市の自宅に戻った。途中、駅前のサウナに寄り、汗とともに第2戦目を落とした悔しさを流した。妻を前にビールを呑み、食事を済ませると、午後8時前には床に入った。

監督鈴木は、入れ替え戦で東洋大にはっきりいって、負ける要素がない、と考えていた。勝てる、という確固たる自信があった。

自信の裏付けとなったのは、その年の6月、春季リーグ戦が終了した1か月後の体験があったからだ。日大は、埼玉県川越市の東洋大グラウンドに出向いてオープン戦をやった。

「高橋さん、大変申し訳ありません。ウチの4年生は、就職活動で練習を休んでいます。4年生抜きのチームでもよろしいでしょうか?」

そういう鈴木に、東洋大監督の高橋は、気軽にいってきた。

「鈴木、気にすんな。夜は一杯やって、次の日はゴルフでもしようや」

鈴木よりも2歳年上の高橋は、日大監督就任以来、何かと鈴木に助言を与えていた。高橋と親交のある日大の先輩倍賞明と河村道夫が、鈴木に紹介してくれたのだ。高橋は、大学野球界について、なんでも教えてくれた。捕手出身の高橋は、鈴木の兄貴分的な存在だった。正直、鈴木は、そんな高橋率いる東洋大との入れ替え戦は避けたかった。高橋も同じ思いだった。

入れ替え戦に向け神宮で実戦練習

オープン戦での結果は、日大の大勝だった。たとえオープン戦といえど、1部チームに一方的な試合運びで勝ったことは、選手たちに大いなる自信を持たせた。それも4年生の主力選手抜きで勝ったのだ。

さらに監督鈴木は、入れ替え戦に向けて、すべてのことをやっていた。マネージャーに神宮球場が空いている日を調べさせ、入れ替え戦の1週間前、1時間15万円の使用料で、4時間ほど借り、実戦練習をした。レフトを守る仙北谷誠が、監督鈴木にいってきた。

「監督、レフトの定位置からフェンスまで走って10歩もあります。第2球場の倍ですよ。左中間への打球だったら、ランニングホームランになる可能性もあります。広いです」

そのため鈴木は、日大グラウンドでの練習の際、ホームベースをネット裏方向に8メートルほど下げた。監督鈴木は、大声でいった。

「ダイヤモンドの広さは、どこの球場も同じだぞ。しかし、フェンスまでの距離は違うんだ。狭い第2球場とは違うぞ。距離を頭ん中に叩き込め。ファウルフライを捕球する場合も同じだぞ！」

神宮球場を大金を出して借りたのは、実戦練習をするだけのためではなかった。トイレ、ロッカールーム、記者席、ベンチ……あらゆる場所を、選手たちに見学させた。案内をしながら監督鈴木は、声高にいった。

「来シーズンからおまえらは、ここでやるんだ。神宮第2球場とはオサラバだ。学生野球の〝聖地〟といわれる神宮球場でプレーするんだ。しっかりと見ておけよ」

それに何よりも鈴木が、東洋大との入れ替え戦に勝てる、と感じたのは、4年生と3年生の上級生を中心にした、チームのまとまりだった。主将の高橋厚介、学生コーチの石神康太と金子知憲が、合宿所の食堂に選手を集め、ミーティングを毎夜のごとく開いていた。東洋大の試合をビデオで何度も見た。そのたびに4年生選手たちは、1部に昇格して、でかい顔をして卒業しよう、といっていた。笑い声まで聞こえてきた。コーチの五十嵐が、監督鈴木に声に笑いを滲ませていってきた。

「鈴木さん、これで入れ替え戦に負けたら、チームはどうなるんでしょうね……」

そして、監督鈴木は、東洋大との入れ替え戦に向けて、とっておきの〝隠しダマ〟、〝秘密兵器〟を用意していたのだ。

鈴木が、床から起き上がったのは、深夜の12時前だった。すでに机の上には合宿所のマネージャーからファクスで送稿された用紙が置いてあった。第2戦目のスコアシート、それに選手たちのミーティングでの内容が書かれたものだ。

自室の部屋の窓を開けると、冷気が鈴木の身を包み込んだ。静かな夜だった。鈴木は、だれにも邪魔されない、この時間帯がもっとも好きだった。

鈴木は、ギル・ホッジスになった気分だった。ニューヨーク・メッツの監督だったギル・ホッジスは、お荷物球団といわれたメッツを、1969年のワールド・シリーズで優勝させた。〝ミラクル・メッツ〟と呼ばれた。そのギル・ホッジスについて書かれた記事を、鈴木は読んだことがあった。ギル・ホッジスはいっていた。監督は、作戦を考えているときが一番至福のときだ——。

鈴木は、パソコンと向かいあった。入れ替え戦の第1戦と第2戦の試合の分析に取りかかった。約4時間ほど費やした。

翌朝。9時半に神宮球場に着いた鈴木は、すぐさまマネジャーを呼んだ。神宮球場の職員に頭を下げ、10時の開門を早めてもらう交渉をしてこい、といった。10時前に神宮球場は開門した。

鈴木は、選手とともにユニホームに着がえた。

ロッカールームで鈴木は、ただちにミーティングに入った。鋭い目を選手たちに向け、いきなり叫ぶようにいった。

「よく聞け！　勝てる光が見えてきたぞ。東洋大を丸裸にした。オレは、素っ裸にした。きょうの試合は、もういただいたも同然だ！」

そういう監督鈴木の科白に、選手たちは驚いた表情を見せながら「エーッ！」という声をあげた。

鈴木は、パソコンで分析したデータを読み始めた。それは、入れ替え戦の第1戦目と第2戦目の東洋大打者のバッティングをカウント別に分析したものだった。なんと監督鈴木は、それらの分析したデータを1時間にわたって、選手たちに解説、最終戦の対策を与えた。とくに3連投となる吉野と今井のバッテリーに強くいった。

「問題は、昨日の第2戦目だ。吉野は、21人の打者に6安打されている。それもほとんどが右打者に、カウントを整える0―1から打ち込まれている。たぶん、吉野のフォームか、今井のサインが盗まれている可能性が強い。とくに東洋大の一塁コーチは、右打者だと今井のサインを盗みやすい。今井、おまえは、ベンチで監督のオレの隣に座われ。オレは毎回、指示を出す。

それに吉野、きょうの東洋大は、昨日の第2戦目と同じ打順でくると予想できる。監督のオレが、一番注意すべきだと思うのは3番の桜井（大介）だ。第1戦目に5番だった桜井を、昨日は3番にし、成功しているからな。つまり、桜井を3番にした場合は、きょうも1番に市村（英士）をもってくる。桜井の前に出塁させないと意味がないからな。

それで問題は、市村だぞ、吉野。ストレート系に強い市村は、初球から積極的に狙ってくるはずだ。吉野、そこでだ。1球目はど真ん中にシンカーだ。シンカーを投げるんだ。それを市村が振ってきたら、東洋大の高橋監督は、1球目から勝負をかけているということだ。わかったな」

試合前のミーティングとしては、異例の長さだった。ウォームアップの時間を割いたのだ。鈴木は、選手たちにいった。

「なにもウォームアップは、身体を動かすことだけじゃないぞ。ミーティングで頭の中をウォームアップすることも大切だ」

スクイズは最後まで取っておく

11時から30分間の日大のバッティング練習が始まった。監督鈴木は、一塁側ベンチに腰をおろし、コーヒーをすすっていた。選手たちは、そんな指揮官の姿に余裕を感じとった。オレたちは、監督の指示通りにプレーすれば勝てる、と。そう思った。

12時40分から7分間のノックが始まった。内野手同士のボールまわしが一巡した後、背番号50

のユニホーム姿の鈴木が、まずは内野手へのノックを始めた。三塁手佐藤毅明へツーバウンドのノックをした。捕球した佐藤は、サイドハンドから二塁ベースに入ったショートの尾形佳紀に送球。尾形は、一塁手西内宏に送球。西内は、捕手の今井にバックホーム。ホームベース上で捕球した今井は、矢のような球を、二塁ベースに入った二塁手高橋厚介に送球する。その間、三塁ベース後方からコーチの五十嵐が、外野手へのノックをする。選手の動きにはリズムがあった。入れ替え戦の最終戦を前にしたプレッシャーを感じさせない動きだった。

試合開始は、午後1時。女子マネージャーのアナウンスが、神宮球場に流れた。

「1回の表、守備につきます日本大学、ピッチャー吉野君、キャッチャー今井君、ファースト西内君、セカンド高橋君、サード佐藤君、ショート尾形君、レフト仙北谷君、センター黒川君、ライト宮内君……。なお、この試合の審判は、球審村松。塁審、一塁関根、二塁牛腸《ごちょう》、三塁細川。以上、4氏審判でございます……」

と同時に試合開始のサイレンが鳴った。

1回の表。東洋大の先攻。マウンドに立つエース吉野は、ミーティングでいわれた通り1番打者市村に、1球目シンカーをど真ん中に投げた。市村は、思い切り初球を振ってきた。市村のバットは、一塁ベンチの監督鈴木の読み通り、大きく空を切った。捕手の今井は、マウンドの吉野に小さく頷いた。吉野は、市村を追い込んで三振。吉野は、3番桜井にヒットを許したものの、難なく13球で1回を抑えた。

1回裏に日大は、早くも先制点をあげる。まさにミーティング通りだった。先頭打者の仙北谷が、足を生かせて内野安打で出塁。すかさず盗塁を決めたのだった。《東洋大研究》にも記してあったように、エース倉は変化球を投球する際　握ったボールを見るクセがあるのだ。

仙北谷に後日、取材すると、次のようにいった。

「倉は、ほんの一瞬なんですが、変化球を投げるときにボールを見るんですよ。それに構えたときにグラブもやや寝かせる。

もちろん、私が盗塁したときは変化球を投げた。変化球を投げる場合は、一塁牽制はありえないしね。鈴木監督の指示通り、倉の投球フォームのクセを見抜いての盗塁でした。このクセを見抜いたのは監督と私だけ、それが自慢です。私は、2年のときまでレギュラーにはなれなかったけど、ずっとベンチにいてね。ベンチから野球をながめながら、頭ん中で野球をやっていた。鈴木監督がいう考える野球をやっていた。だから、私は〝鈴木野球〟の申し子だと、いまでも自負していますよ」

ノーアウト二塁。2番宮内は、当然のごとくバントを決めて、ワンアウト三塁。

いきなりピンチを迎えた東洋大エース倉は、動揺した。3番尾形への1球目は、フォークボールのすっぽ抜けだった。捕逸。三塁走者の仙北谷は、ホームベースを駆け抜けた。日大は、貴重な先制点をあげ、最終戦の入れ替え戦をリードした。

　この1回裏の日大の攻撃が、入れ替え戦の最終戦を左右したといってよい。東洋大の監督高橋は、後に私にいっている。

「実は、入れ替え戦の最終戦は、2番手投手の鈴木でいこうとしていた。倉は、肘がちょっとね……。ところが、エースとしての責任があったんだろうな。倉は『大丈夫です』といってきた……。しかし、仙北谷、あの4年生にやられた。先制点を許したことが、最大の敗因だった……」

　そして、日大は、3回裏に一気にたたみかける。

　またしても先頭打者の仙北谷が、死球で出塁してチャンスをつくり、2番宮内が、送りバント。つづく3番尾形が、センター前にテキサスヒットを放つ。ワンアウト一、三塁。4番佐藤のときに東洋大捕手が、2度目の捕逸。難なく2点目。2対0とした。そして、佐藤がフォアボールを選び、再びワンアウト一、三塁となった。鈴木は「もらった」と思った。

　ここで東洋大監督高橋は、エース倉を諦めて、2年生左腕投手の鈴木を投入してきた。このときだ。一塁側ベンチ前で監督鈴木と次打者の3番西内は、短い会話を交わした。

「西内、スクイズだ。この場面でやるんだ」

「わかりました。東洋大の息の根を止めます」

　というのも、入れ替え戦の第1戦目のときだった。同じワンアウト一、三塁で打者西内のときだ。西内は、監督鈴木にスクイズを強く主張してきた。しかし、鈴木は許可しなかった。

「西内、まだ入れ替え戦は始まったばかりだ。スクイズといった策は、最後の最後まで取っておくんだ。我慢しろ」

そういういきさつがあったのだ。

〝ヒロシコール〟が神宮の杜に響いた

東洋大左腕投手鈴木の投球練習が終わった。

西内に対しての1球目は、ボール。ノーストライクワンボール。この時点でベンチの鈴木は、スクイズのサインを出した。鈴木が投球フォームに入る。同時に三塁走者尾形が、スタートを切った。右バッターの西内は、一塁側に倒れるように外角球を三塁方向にバントした。みごとなスクイズバントだ。尾形は、ホームベースを駆け抜けた。3対0。

そして、2年生の6番指名打者の片岡昭吾のときに、捕手のエラーを呼んで、この回3点目。4対0とした。何を隠そう、片岡こそが監督鈴木の入れ替え戦に向けての〝秘密兵器〟だったのだ。

この年の秋季2部リーグ戦に優勝をかけていた鈴木は、あえて片岡を打線からはずした。ベンチ入りもさせなかった。1部リーグ戦で最下位を予想した青山学院大学と東洋大の試合を徹底的に観察させたのだ。とくに右打者の片岡は、バットスイングの際にインサイドから出るため、左投手に自信を持っていた。東洋大エースの倉のインサイドに投球してくる変化球に十分に対応できる。右方向に打つこともできる。

そんな片岡を監督鈴木は、土壇場の入れ替え戦の最終戦に起用したのだった。鈴木は、1戦目と2戦目に片岡を起用せずに温存した。1勝1敗で最終戦にもつれ込んだ場合の〝秘密兵器〟だった。もちろん、東洋大側に片岡のバッティングに関するデータがまったくないことを、鈴木は、知っていた。秋季2部リーグ戦に片岡は、出場していなかったのだから。

試合前、監督鈴木は、コーチの五十嵐にいった。

「康朗、オレは、片岡をスタメンで起用するぞ。東洋大は、片岡のデータを知らないからな」

「鈴木さん、私は反対です。片岡は、試合から遠ざかっています。冒険をしなくとも勝てます」

そういう五十嵐に対して鈴木は、いった。

「康朗、冒険じゃない。片岡を使っておけば来年につながる。それにな、片岡の顔を見てみろ。あいつは、試合に出たくてうずうずしている。目いっぱい溜まっているんだ。一気に爆発させてやりたい」

反対していた五十嵐は、鈴木の言葉に笑って頷いた。

結果、2年生の指名打者片岡は、3打数3安打の大活躍をした。試合後の夜、片岡は、酒を浴びるほど呑んだ。興奮して一睡もできなかったという。

4回表に東洋大は1点を返した。が、試合の流れは、終始日大にあった。8回裏に追加点を入れ、5対1で逃げ切った。

午後3時20分。女子マネージャーのアナウンスが聞こえた。

「日本大学の1部昇格が決定いたしました」

神宮の杜に試合終了を告げるサイレンが鳴り響いた。同時に一塁ベンチ前で3連投した2年生の左腕エース吉野が、ナインに胴上げされた。

その直後だ。

なんと選手から、観客席から〝ヒロシコール〟が起こったのだ。長い東都大学野球の歴史の中で、監督へのコールが湧き起こったのは初めてだろう。

背番号50のユニホーム姿の、両手を広げた鈴木の軀は、宙に舞った。二度、三度と舞った。鈴木は、泣いていた。

数日後、あらためて鈴木は、〝戦国東都〟の厳しさを知った。入れ替え戦に敗れ、2部リーグ落ちしたその日の東洋大は、室内練習場で翌朝まで練習したことを伝え聞いたからだ。1年後、東洋大は、1部リーグ復帰を果たした。

終章「宣教師」

駒大太田監督も感心する記憶力

平成11年10月19日。神宮球場三塁側ベンチ隣の3畳ほどの小部屋、競技関係者控え室に鈴木はいた。駒沢大学野球部監督太田誠、立正大学野球部監督伊藤由起夫とともに、東都大学野球秋季1部リーグ最終戦、青山学院大対東洋大戦を食い入るような目つきで見ていた。試合後の閉会式に備えて監督鈴木たちは、背番号50のユニホーム姿だった。

鈴木たちは、青山学院大対東洋大の攻守交代のたびに雑談を交わした。私は、小部屋の片隅で、鈴木たちの会話を聞いていた。いつも話のリード役は、鈴木だった。

「……太田監督、ウチと対戦した3回戦、9回裏に駒沢に3点くらってね、6対7でサヨナラ負けした試合、覚えていますよね。あれは、1回裏にウチが、2点先制された。あれが、私には、致命的でした。ウチの吉野の3球目を先頭打者の浅田（仁志）が、セカンドへゴロを打ちましたよね。それをウチのセカンド谷口（吉憲）が、エラーした。そして、2番打者の稲田（直人）に送りバントをされて、ワンアウト二塁。次に3番新垣（道太）に三塁打された。……あれが、試合の行方を決定づけましたねえ。浅田の足にやられましたよ。ウチのセカンドの谷口に、『俊足の浅田がバッターのときは、定位置よりも2メートルほど前で守れ。ツーバウンドで捕球しろ』っていっていたんですけどねえ。キャプテンのくせして谷口は、定位置で守っていた。あのときの私は、イカリングでしたよ」

そういう鈴木に対し、駒沢大のベテラン監督太田は、半ば呆れ返っているような顔でいった。

「鈴木、おまえは、よく1か月も前の試合を詳しく覚えているよなあ。私なんか、試合が終わったら忘れるよ。鈴木、おまえの頭の構造、どうなっているんだ……」

たしかに太田のいう通りだった。平成12年6月に50歳を迎える鈴木だが、その抜群の記憶力に取材者の私は、ただただ感心してしまう。10年以上も前、青森商業監督時代の試合でさえも、呆れ返るほど詳細に覚えている。よどみなく試合の場面を口にする。ただただ私は、感心してしまう。

鈴木と太田の会話を私は、黙って聞いていた。立正大監督伊藤も、興味深げに耳を傾けている。

私は、そんな鈴木の後ろ姿に視線を投げ、長年にわたる取材を脳裏に浮かべた。

横浜高の前監督で、平塚学園高監督の上野貴士も、鈴木の野球への情熱に脱帽していた。

「鈴木さんは、真の〝野球狂〟です。野球関係以外の本も読んでいる。話題が豊富ですよね。いろんな人から話を聞き出す。一刻も頭から野球が離れていないため、これはと思ったことをすぐに野球に結びつけてしまう。奥さんとの話題も野球中心と聞いているしね。一緒に呑みに行って、隣に女性がいても野球の話。しゃべり疲れると、『上野、オレは寝る』といって、横になって寝てしまう。まいるよ」

鈴木の野球に関するエピソードは、もう枚挙にいとまがない。

青森商業監督時代だ。あるスポーツ紙の東北版の企画で、〝東北の智将〟といわれた当時の東北高校の竹田利秋（現国学院大学監督）と対談をした。対談前に竹田は、冗談ともつかない調子で若い鈴木にいった。

「甲子園に行けない監督の顔を見たいよ。どうやって負ければいいか、私にはわからないな……」

対談が始まった。

「鈴木君、これからの時代は、アンダースローの投手は使えないよ。下から浮いてくるボールを上から金属バットで打つ。これじゃあ、バットとボールの接点がありすぎる。下手投げは使えないね」

この竹田の科白に対して鈴木は、猛烈に反論した。鈴木自身が、選手時代にサイドハンドの投手だったからだ。

「竹田さん、それはどういうことですか？　どんなバッターでも、科学的に分析すると打つ瞬間は、アッパースイングをしますよ。ご存知ですよね。つまり、竹田さんの理論でいえば、アンダーハンドの投手が投げたボールが、浮いて見えるのは、あくまでも目の錯角です。ですから、アンダースローの投手を打ち易いというのは理にかなっていません」

当時の鈴木は、30歳そこそこ。竹田は、むっとした表情を浮かべていた。竹田の退席後、同席していたスポーツ紙の重役が、鈴木を諫めた。

「鈴木君、キミは監督として甲子園出場経験がないんだよ。竹田監督に逆らっちゃいかんな……」

当時を振り返って鈴木は、私にいった。

「対談後、私は泣きました。少なくとも私は、毎年のように甲子園出場を決める竹田さんを尊敬していましたから……。竹田監督は、高校球界、ましてや東北では名将といわれていました。でも、私の理論は正しいんです」

そんな鈴木は、平成7年夏に日大藤沢高を率いて甲子園出場を果たした。この年は、阪神淡路大震災の影響もあり、甲子園入りした後に練習場を確保するのもままならなかった。しかし、そんな状況下で鈴木は、練習に困る竹田に協力している。

8月8日の開幕2日前。組み合わせ抽選会で開幕試合を引き当てた竹田率いる宮城県代表の仙台育英高は、練習時間の少なさに1分を惜しむかのように練習に励んでいた。午後3時から5時までの練習時間を確保した日大藤沢高が、練習場のグラウンドに到着したのは1時間前の2時。練習をやっていたのは、仙台育英高だった。挨拶する鈴木に竹田は、いってきた。

「時間が足りないんだよ。もっとやることがいっぱいあるんだ。仕上がっていない……」

そういう竹田に鈴木は、気軽にいった。

「なんでしたら、ウチの練習時間にズレ込んでも構いませんよ。ウチの試合は5日後ですし、予選の疲れもあります。バスの中で選手を寝かせて、きょうは遠足にします」

竹田は、鈴木の気遣いに頭を下げてくれた。

すでに鈴木とＰＬ学園前監督の中村順司（現名古屋商科大学監督）との関係については、第八章「激戦地」で触れた。平成元年以来、毎年春に日大藤沢高は、ＰＬ学園とオープン戦をやっていた。春3回、夏3回の甲子園大会優勝、通算58勝の甲子園記録を持つ指導者の中村は、そのたびに日大藤沢高選手を前に話をしてくれた。

そんな鈴木と中村は、深い信頼関係にある。が、中村が心底、鈴木の存在を認めるようになったのは、3年ほど前からだった。

右投げ左打ちのバッターはバントがヘタ

日大監督就任2年目の平成9年春。鈴木は、大阪府富田林市にあるＰＬ学園を訪ねた。1年後の来春卒業する選手を獲得するためだ。応接室で待っていると、中村がやってきた。

「鈴木君、悪いな。教え子の選手の父親が亡くなったんだ。いまから通夜なんだよ。あまり時間を取ることはできないんだ」

そういいながら椅子に座り、約10分間ほど会話を交わした。そのとき鈴木は、こういった。

「中村さん、右投げ左打ちのバッターは、バントがヘタクソですよね……」

そのときだ。中村は、鈴木に強い視線を投げかけてきた。「ちょっと待ってくれ」といって中村は、中座した。すぐに戻ってきた。

「鈴木君、通夜には部長に行ってもらうことにした。私は、明日の葬式に出るよ。ちょっと近くの寿司屋に行かないか」

寿司屋で席に着くなり中村は、鈴木に尋ねた。

「さっきの話、右投げ左打ちの選手は、バントがヘタだといったよな。なんでヘタなのか教えてくれないか？」

そういう中村に、鈴木は説明した。

「中村さん、バントって利き手でやりますよね。右投げは右手が利き手。つまり、左打ちの選手の場合は、利き手ではない不器用な左手を使う。だから、右投げ左打ちの選手は、バントがヘタクソなんです。普通の場合は」

すると中村は、パチン、と指を鳴らしていってきた。

「そうか、わかった。だから、中日に行った立浪（和義）はバントがヘタだったんだ。じゃあ、鈴木君、そういう選手の場合はどうしているんだ？　どんな教え方をしているんだ？」

「ええ、中村さん。私は、練習を見ていて、あまり器用じゃない選手には送りバントのサインは出しません。むしろセーフティバントをさせます」

鈴木の話に中村は、何度も頷いていった。

「なるほどなあ。鈴木君、わかったよ。勉強になった。感謝するよ。さあ、呑めよ」

以来、中村は、野球のことを鈴木に本音で語ってくれるようになった。鈴木は、私にいった。

「中村さんはいいます。『野球をやるのは選手だ。主役の選手を大事しろ』と。私も、そう思っていますが、さすが中村さんです。平成7年夏に甲子園出場を果たしましたよね。あのときに私の日藤と、中村さんのPLが3回戦で対戦した。

あのときですよ、岡さん。試合前、私の日藤は一塁側の控え室にいた。中村さんのPLは三塁側控え室で待機していたんですが、PLの竹中徳行部長がやってきていうんですよ。『三塁側の控え室には、クーラーがあります。ウチの中村が、涼しいところで一緒に待機しよう、といっています』ってね。岡さん、中村さんに一本やられたと思いました。一塁側の控え室には、クーラーがないことを知っていたんです。あらためて中村さんのフェアプレー精神に脱帽しましたねえ……」

前述したように、現在の中村は、名古屋商科大野球部監督に就いている。そのため同じ大学監督として中村と鈴木の関係は、より以上に深いものになっている。

平成11年3月末だった。春のリーグ戦開幕に向けて日大は、名古屋遠征をした。私も同行した。中村率いる名古屋商科大ともオープン戦をやった。試合後に私は、鈴木と中村、それに観戦していた中村の妻春恵を入れて記念撮影をすることにした。3人が肩を並べた。カメラを向ける私に鈴木は、エヘンと威張り顔を見せていった。

「岡さん、どう？　今回は、ちゃんと中村さんと肩を並べている？　もっと胸を張りましょうか？　もっと偉そうな顔をしましょうか？」

事情を知らない中村夫妻に私は、説明した。

「いや、平成元年春に初めて日藤が、ＰＬとオープン戦をやったとき、試合後に3人で記念写真を撮りましたよね。あのときの鈴木さんは、甲子園優勝監督の中村さんに気後れしちゃって、肩を並べることができなかったんですよ」

そういう私の言葉に中村夫妻は、笑った。鈴木は、照れた。私は、シャッターを押した。シャッター音が心地よく響いた……。

牧野会長に手袋使用を〝直訴〟

正義感の強い鈴木は、日本高野連（日本高等学校野球連盟）会長の牧野直隆に直訴したこともある。

平成2年だった。初めて鈴木は、日大藤沢高野球部を率いて、春の甲子園センバツ大会に出場した。出場が決定した際、監督鈴木と野球部長の武藤周二たちは、大阪の日本高野連本部がある西区江戸堀の佐伯中沢記念野球会館を訪ねた。初出場のために挨拶に出向いた方がいいと、鈴木が提案したのだ。手土産に鎌倉名産の鳩サブレを持参した。

明治43年生まれの牧野は、「毎日、ここで天ぷら蕎麦を食べるんだよ」と、笑顔で応対してくれた。このとき鈴木は、直訴した。

挨拶を終えた鈴木は、会長牧野を睨むように見た。そんな鈴木に対して、牧野はいった。

「鈴木君、なんかいいたいことがあるのかね。なんでも聞きますよ、私は」

待ってました、とばかりに鈴木は、いった。

「会長、手袋の件について聞きたいんです」

「手袋？　あの野球の手袋のことかね？」

「そうです。会長の選手時代に手袋はありましたか？　なかったと思います。ヘルヘットもなかったですね。私が、日本大学4年の昭和47年の春です。第1回日米大学野球で早稲田大学の東門という選手が、死んでいます。ご存知だと思います。

私は、あの試合を観戦していました。二塁ゴロのゲッツーで、一塁から二塁に走っているときにボールが左耳の後ろに当たり、それが原因で亡くなった……。会長、野球は、足も使うし、手も使う。全身でやります。それなのに高校生だけが、どうして手を保護する手袋使用が認められないんですか？」

鈴木の直訴に対して会長牧野は、答えた。

「それはなあ、鈴木君。キミねえ、難しい質問だな。手袋使用を許したら、赤い手袋とか青い手袋とかね、いろんな手袋が出てくる。業者は、売れる製品を開発してくる。高校生に売ろうとしてくるんだよ」

「じゃあ、会長。白なら白、黒なら黒と決めればいいんじゃないですか？　カラーを限定すればいいと思います」

鈴木は、ものおじせずに訴えた。つづけた。

「会長の心配はわかります。高校野球はテレビで全国放映される。その場合、手袋についているメーカーのマークもまずいってこともわかります。メーカーの大宣伝に一役買うことになりますからね。そうであれば、あのメーカーのマークを小さくする。あるいはマークなしにしろ、といったお達しを出せばいいじゃないでしょうか？

会長、会長は、ご存知でないかもしれませんが、いまの野球少年は、ユニホームにメーカーのマークがついてなくともわかります。同じ白でもアイボリーに近いのは、あそこのメーカー。まったくの黄色のアイボリーであれば、こっちのメーカーのもの、ってね。ユニホームの縫い目、カットの仕方によってもメーカーごとに違う。そういったことまで、野球少年は、知っています。つまり、マークなどにこだわっていたら、なにもできないと思います。メーカーは、売るのが目的なんですから」

当時、すでに79歳になる会長牧野は、鈴木の訴えを聞いた。

「鈴木君、若い人の意見は参考にしたいんだよ。私は、前会長の佐伯（達夫）さんとは違って、改革派なんだ。他にもいいたいことがあるのかね」

「あります。たとえば、会長、甲子園大会の第1試合は、朝8時からやります。選手たちは、何時頃に起床しているか知っていますか？　夜中の3時には起きて試合の準備をしています。会長、朝の3時、4時は、まだ深夜です。つまり、高校野球は、児童福祉法に違反しています」

「鈴木君、キミに1本とられたな。ところで、何をいいたいんだね？」

鈴木は、口角泡をとばさんばかりに力説した。

「会長、私が提案したいのは、1日に4試合をやるよりも、できるなら5試合にすればいいと思います。もちろん、グラウンドはかなり悪くなります。でも、そうすれば、2回戦からは1日に2試合で済む。1回戦に勝てば、2回戦まで1週間も休むことも可能だし、準々決勝からは1日あけることもできます。投手の肩を十分に休ませてあげたいんです。さらに大会期間を長くしてもいいのではありませんか。

そうすれば会長、地方から応援にくる応援団の日程も計算できます。ご存知とは思いますが、応援団にかかる費用は莫大です。日程が1日でも早くわかれば、費用も節約できます。高校野球には、改善すべきことが山ほどあります。おかしいところはどんどん改善すべきだと思います」

約30分間にわたって鈴木は、会長牧野に訴えた。私にもいったことがある。

「岡さん、平成10年の春から日本高野連は、ようやく選手の手袋使用を認めましたよね。選手のことを考えれば、当然のことです。許可するのが遅いんです。それに、まだまだ改善すべきことはあります。

甲子園に行った際、投手は、メディカルチェックを受けますが、もっと厳しくやって欲しいです。投手の肘を検査するんですが、たとえば、連投して肘がかなり悪くなっていたら、『これ以上投球すれば、肘が悪化する』といって欲しい。私にいわせれば、メディカルチェックをすると同時にベンチ入りできる投手、選手の数も増やして欲しいと思うんです。現在の15人を20人にしてもいいんです。ベンチ入りする15人の選手を選ぶのに、どれだけ監督が頭を悩ますことやら……。

そういったことを日本高野連は、十分認識していると思うんですが……。春と夏の甲子園大会の選手宣誓、あれもおかしい。春のときは、右手をあげてやる。夏のときは、〝気をつけ〟の姿勢でやる。大会を仕切るライバルの新聞社が、なんらかの形で違いを出したいだけ。選手を無視しています……」

木バットの魅力、金属バットの弊害

鈴木は、闘う監督だ。日大監督に就任した現在も、鈴木の野球に対しての姿勢、情熱は変わらない。

こんな光景を私は、目の当たりにしたことがある。

社会人野球チームと日大が、平成11年春にオープン戦をやったときだ。4年生の寺田が、デッドボールを受けた。顔面への直撃だ。寺田は、もんどり打って倒れた。選手全員が、寺田の元に走った。そのときだ。相手ベンチから声がとんだ。

「ファウル、ファウルだ!」

この声に監督鈴木は、キレた。相手ベンチ前に歩み寄った。選手を睨みつけて叫んだ。

「ふざけんな。何がファウルだ。顔面直撃だ。救急車を呼べ!」

寺田は、前歯8本を折り、さらにムチ打ちで全治1か月と診断された。救急車で寺田が病院に運ばれた後、鈴木は、私にいった。

「岡さん、顔面以外へのデッドボールだったら、私は何もいいません。むしろ『ファウルだ!』といったコールに対し、さすがは社会人チーム、だと感心します。しかし、当ったのは顔です。顔や頭の場合は、危険球です。監督の私が怒るのは当然です」

平成11年春、財団法人全日本大学野球連盟主催の監督会議が開かれた。全国の大学監督約150人が出席。テーマは「明日の大学野球を考える」だった。このとき鈴木は、発言をした。

「私が、日大監督に就任したとき、全日本大学野球連盟でユニホームの背中にバックネームを入れてもいいと決まりました。私自身は、すぐにでも実施したいと思ったのですが、丸3年経っても実施されていない。私にいわせれば、実施できないことを決めてもしょうがないと思う。

単純にいえば、ユニホームに選手名を入れただけでもファンサービスになります。アマ野球の場合は、よほどの選手にならないと観客に顔と名前をアピールすることはできません」

そういう鈴木に対して、ある地方の大学監督がいってきた。

「私たち大学野球は、あくまでもアマチュアです。もっとアマチュア精神を考えないと……」

と。正直、鈴木は、カチンときた。この監督は、わかっちゃいない、と思った。すぐさまいい返した。

「いま、アマチュアという声が聞こえましたが、アマってなんですか? アマ精神にのっとって、スポーツマンシップを大事にして、見た目だけ格好よくプレーすることなんですか? そういったことも大事でしょう。しかし、今回のテーマは『明日の大学野球を考える』です。いい替えれば、いかに観客を呼べる大学野球にするか、です。

他の大学のリーグ戦の実情は知りませんが、東都大学野球の場合は、毎年赤字が出ているんです。つまり、この赤字を少なくするためには、どうすればいいかなんです。観客を呼ぶっていうことは、そういうことじゃないですか?

私は、夢物語は大嫌いです。これまでの大学野球を抜本的改革をして、ものごとを考えないと発展はない。伝統や文化をつくるのは、人間の知恵なんです。知恵のないところに文化は生まれない。変えようと思わないと、改善なんかできない。違いますか……」

　鈴木は、私に次のような話を強調していったことがある。

「岡さん、ウチのコーチの五十嵐、康朗は、なんで私が、日大監督に就任したときに青森山田高の監督を辞任して、日大のコーチになったか知っていますか？　康朗は『木のバットの野球を、もう一度やってみたい』といってきたんです。それだけの理由ではないと思いますがね。康朗の気持ち、私にはわかるんです。

　たとえば、社会人野球を見てください。毎年、夏に開催される都市対抗の際、社会人野球で10年間選手生活をやっていると表彰される。昔は、表彰されるのは高卒選手ばっかりでしたよ。ところが、最近は大卒選手も多く表彰されている。22歳で卒業したとして、32歳にはなっている。なんで選手寿命がアップしたかわかりますか？　社会人野球が、金属バットを使うようになったからです。それが原因です。

　金属バットはね、選手の足と肩を否定しているんです。金属バットで打った打球は、木バットよりもとぶため、外野手は、強肩でもないのに深く守備位置をとっている。そのため外野手は、初めっから捕手に直接バックホームすることを諦めているんです。だから、強肩でなくとも、俊足でなくとも選手が務まるため、選手寿命が長くなっているんです。高校野球も金属バット。金属バットの時代だからこそ、康朗のいう『木のバットの野球をやりたい』という気持ちがわかるんです。大学野球は、木バットですから」

鈴木は、私を睨むように熱っぽく語る。毎度のことながら話し出すと止まらない。

「岡さん、外野手のプレーで一番の醍醐味《だいごみ》って、捕球して矢のような球を捕手に送球する。ホームインをする走者を殺すことですよね。〝捕殺〟なんです。なんでオリックスのイチローは、人気があるのか。捕殺が多いからですよ。年間10個近くはやっている。巨人の高橋由伸や阪神の新庄剛志も捕殺が多い。外野からダイレクトで捕手にバックホームしている。

大学野球は、マスコミに注目されている高校野球や社会人野球と比べて人気がない。認めますよ。でも、人気を得ることができる要素はあるんです。同じ野球をやっているんですから。捕殺ひとつを例にとってもわかりますよね。野球って、何度もいっていますけど、奥が深いスポーツなんです。抽象的ないい方なんですが、人気を出す、人気を得る方法って、いっぱいあると思うんですよ。

岡さんは知っていると思いますけどね、早慶戦のルーツは、安部球場ですよ。早稲田の杜にあった安部球場でやったために学生が見にきた。そのために人気が出た。学生の観客を集めてこそ大学野球なんです。

こないだ、九州国際大学監督の伊東健治さん、九州共立大学監督の仲里清さんと話をした。福岡には、九州国際大学が加盟する九州六大学野球連盟と九州共立大学が加盟する福岡六大学野球連盟がある。その2つの連盟が、協力しあってね。春のリーグ戦開会式と開幕戦を福岡ドームで合同でやっているというんですね。だいぶ福岡ドームに掛け合ったらしいです。売店収入はすべて福岡ドーム側の収入にするから開会式をやって欲しい、とか。人気を得るために必死になっている。

地方の大学野球は苦労している。岡さん、感じませんか。なんで大学野球は、こんなに人気がないんだと。正月の大学ラグビー、箱根駅伝などを見てください。なんであんなに人気があるんですか？　箱根駅伝なんて、全国規模の大会じゃないですよ。限られた大学しか出場できないローカル大会じゃないですか。生中継によるテレビ放映があるために人気があるといわれますが、それよりも評価すべきは大会運営スタッフがコツコツと人気を出すために努力してきたからです。うさぎと亀なんですよ。野球は、人気の上に胡座《あぐら》をかいてね、寝てしまった。

だからね、岡さん。毎年6月にやっている全国大学野球選手権大会、あれなんか正月にやったらどうですか？　たとえば、ドラフトで指名された大学生選手を全国から集め、オールスター戦をやったらものすごく面白い。高校生や社会人のドラフト指名選手を入れてのオールスター戦でもいいんです。大学野球に限らず、アマ野球をもっとアピールすべきなんですよ。神宮球場にこだわらず東京ドームでやってもいいんじゃないですか。入場券に番号をつけてね。抽選で観客に何かをプレゼントするとか。そういったことを考えて少しづつ改善すべきなんです……」

鈴木の話には衒いも脅しもない。語り口が伝法で面白い。私は、鈴木の話に黙って頷きながら、奄美大島のことを脳裏に思い浮かべた。

両翼１００メートル球場の意味は

すでに緋寒桜の季節は終わろうとしていた。平成12年2月下旬。私は、奄美大島の名瀬市にいた。人口約４万５０００人から成る名瀬市は、鹿児島市の南南西約３８０キロの東シナ海に浮かぶ奄美大島にあり、鹿児島県に属している。気候は亜熱帯。年間の平均気温21度と四季を通じて温暖な気候に恵まれている。自然豊かな島であり、大島紬の生産地としても知られている。

私が、奄美大島を訪ねるのは、前年につづいて2度目。当地でキャンプを張る日大野球部を取材するためだ。

平成８年に日大野球部監督に就任した鈴木が、春のキャンプ地に名瀬市を選んだのは、１年後の平成９年だった。しかし、当時は、けっして納得できるキャンプ地ではなかった。第一に三儀山運動公園内にある野球場は、両翼90メートルと狭かった。その上、グラウンド状態もよくなく、室内練習場もなかった。

監督鈴木は、１年限りで引き上げようとしたが、教育委員会次長の時信義（現奄美カントリークラブ総支配人）と名瀬市市会議員の仲川尚文が、訴えてきた。

名瀬市は、〝スポーツアイランド構想〟を打ち出しています。スポーツでもって地域振興と活性化を図りたい。スポーツを通じて青少年の教育と健康づくりをしたい。それに近い将来は、プロ野球のキャンプ地にしたい。そのため〝名瀬市プロ野球キャンプ誘致促進協議会〟を発足させます……。

時と仲川は、鈴木に頭を下げてきた。時がいった。

「プロ野球12球団のキャンプ地は、沖縄と九州と高知です。鈴木さんも知っていますが、日本ハムとオリックス、広島は沖縄でキャンプをしています。鹿児島ではロッテがやっていますが、奄美ではこれまでどの球団もキャンプをやったことがありません。奄美には満足な野球場がなかったためだと思います。鈴木さん、協力してください」

そういわれると鈴木は、黙っていることはできない。全面的に協力することを約束した。

平成10年、名瀬市は、三儀山運動公園内にある野球場改修工事、同時に8億円を投じて室内練習場建設にも取りかかった。完成したのは、その年の6月だった。そして、2か月後には〝名瀬市プロ野球キャンプ誘致促進協議会〟を発足。さっそく時や仲川を中心にしたメンバーは、九州に本拠地を置く福岡ダイエーホークスの球団事務所を訪問し、キャンプ地の売り込みをしたのだった。

平成11年2月、初めて私は、奄美大島を訪ねた。三儀山運動公園内にある野球場に行くと、時と仲川が出迎えてくれた。室内練習場と野球場を案内してくれた。仲川がいった。

「この1月には、ロッテの成本（年秀）投手と橋本（将）捕手が、自主トレをやってくれました。スポーツ紙に大きく『環境が素晴らしい。奄美の大自然のエネルギーを吸収して、いい自主トレにしたい』という成本投手のコメントが載っていました。すべて鈴木監督の協力のお陰です。やっぱり、両翼１００メートルの球場に改修してよかった」

実は、時と仲川から協力を依頼された鈴木は、名瀬市を訪ねては助言を与えていた。両翼90メートルだった野球場を改修工事で１００メートルに広げさせたのは、鈴木が強くいったからだ。

「将来、プロ野球のキャンプ地にする考えがあるんなら、絶対に両翼を１００メートルに広げるべきです。なぜなら大学野球も社会人野球も同じなんですが、とくにプロ野球の場合は、両翼１００メートルの広い球場でないと実戦練習はできません。つまり、狭い球場と広い球場とでは守備の際のフォーメーションプレーが、まるっきり違います。外野スタンドなんかなくともいいです。両翼１００メートルにすべきです」

この鈴木の助言に名瀬市は納得した。当初はコンクリートのフェンスをクッションのきくものに取り替え、ライトとレフトの両翼を90メートルから95メートルにする予定であり、予算額は1億円だった。しかし、鈴木の助言で急きょ市議会にかけて追加予算として３０００万円ほどを用意。ホームベースからセンターフェンスまで１２２メートル、両翼95メートルから１００メートルにしたのだ。

平成12年2月末。私は、名瀬市でキャンプを張る日大野球部を訪ねた。日大野球部員たちは、地元の野球少年約３８０人を招待して野球教室を開いていた。ハンドスピーカーを持った監督鈴木は、大声で少年たちに檄をとばしていた。

「みんな、今年は、ここで巨人の斎藤雅樹投手や野村貴仁投手が自主トレをした。村田真一捕手もきてくれたよな。プロ野球選手が練習にくる立派な球場で野球ができていいよなあ。頑張ってやればプロになれるんだぞお！」

鈴木の野球に対する情熱に感動した名瀬市野球連盟会長であり、名瀬市議会議員の川上勝が、動いたのだ。名瀬市郵便局長の田中勝也に働きかけ、少年野球教室を開くことに協力を求めたのだった。

鈴木野球の最終目的はなんですか？

長い取材の中で常に鈴木は、本音で私に接してくれた。野球監督鈴木博識、いや、人間鈴木博識を、さらけ出してくれた。

さまざまなエピソードからも、鈴木が、グラウンド上で教える野球の指導だけを考えている男ではないことがわかる。選手たちの身体や待遇、将来のことまで。試合運営や人気挽回策など、野球全体に関しても考えつづけ、実行に移してきている。

まさに鈴木博識には、〝野球に憑かれた男〟という呼び名がふさわしい。

神宮球場三塁側ベンチ隣の小部屋の片隅から、試合を凝視する鈴木の後ろ姿、野球に憑かれた男を、私は見ていた。

ふと、私は、思った。なぜに私は、こうも鈴木を追い駆けているのか。

昭和58年夏、17年前に私は、初めて青森で鈴木に会った。選手を前に手取り足取り教え込んでいる同年代の鈴木を見た。私は、感心した。監督浪人をしながら、少年たちに指導していた小山時代、ついに念願の甲子園出場を果たした日大藤沢高時代。

そして、日大監督に就任した現在も、鈴木の野球を追求する姿は変わらない。コーチの五十嵐康朗が、私にいったことがある。

「鈴木さんを見ていると、大リーグの監督のようです。マイナーリーグからメジャーを目ざして、1歩ずつステップアップするように〝鈴木野球〟を成就させている」

その通りだと、私も思う。

そんな鈴木博識の人生に、取材者の私は、長年にわたって興味を持ちつづけた。鈴木博識がかもし出す磁力とエネルギー、それに追求心に魅了された。その正義感にも惚れた。

平成10年夏。日大野球部は、遠く青森県東北町でキャンプを張った。その最後の夜、鈴木と私は、枕を並べて床についた。そのときのことを鮮明に覚えている。

私は、聞いた。〝鈴木野球〟の最終目的はなんですか？　と。すると鈴木は、起きあがった。私の顔を睨むように見ていった。

「大学の監督になってよかったと思います。駒大の太田監督、東洋大の高橋監督、亜細亜の内田(俊雄)監督、青学の河原井(正雄)監督、立正の伊藤監督……。みんな野球に関しては曲者です。試合ともなると、どんどん仕掛けてきます。でも、真摯《しんし》な態度で野球に取り組んでいます。私は、ものすごく触発されています。教わっています」

そして、強い意志を込めていった。

「野球人としての私の最終目的は、野球の〝宣教師〟になることです」

あとがき

日本大学硬式野球部監督鈴木博識について書いた私の作品、「『鈴木野球』――野球に憑かれた男」が、第3回報知ドキュメント大賞受賞作に選ばれ、報知新聞に発表されたのは、平成11年1月30日だった。

その夜、鈴木は、私を祝ってくれた。コーチの五十嵐康朗が音頭をとり、私の取材に同行してくれた、カメラマンの佐々木強も駆けつけた。男4人だけの小料理屋でのささやかな宴だった。

まずは、ビールで乾杯した。その直後だった。鈴木は、恐縮した顔でいってきた。

「岡さん、去年の暮れの報知新聞に岡さんの作品が、最終選考に残ったと出ましたよね。185編の応募作品の中から4作品が最終選考に残ったと……。あのとき私は、うっかり口を滑らした。岡さんに失礼なことをいったんです。覚えていますよね。私は『岡さん、最終選考に残っただけでもいいじゃないですか？』と。そういったんです。そのときの岡さんは、私を睨みつけていった。『いや、オレは、大賞をもらう。そのために応募したんだ』って。そういってましたよね。

あのあとで私は、深く反省した。やっぱり、勝負ごとでは1等賞を獲らないと意味がない、って。そう思いました。考えてみれば、日藤の監督時代の私がそうだった。いつも渡辺さんの横浜高に負けていた。ナンバー2だったしね。負けるたびにナンバー1になりたいと思っていた。岡さん、申し訳ありませんでした……」

笑い声の中で宴はすすんだ。たがいにグラスにビールを注ぐたびに乾杯をくり返した。

そして、小一時間ほど経った頃だ。今度は、コーチの五十嵐が、あらたまった表情で私を見てから、鈴木にいった。

「監督、鈴木さんは、まだあの話を岡さんにしゃべっていないんじゃないですか？ もうしゃべってもいいと思います。鈴木さんが自分の口からいうのが嫌だったら、私が代わりにしゃべってもいいです」

そういう五十嵐の顔を、鈴木は凝視した。

「いや、康朗。オレがしゃべる。大丈夫だ」

鈴木は、対面に座わる私に視線を向けた。一呼吸ついてから語り始めた。

「……昭和62年6月に日藤の監督に就任したときのことです。私は、専任監督として月給を、税込みで24万円ほどいただいていた、と。そう岡さんに話しました。あのとき岡さんは『24万円で生活できたの？』と聞いてきましたよね。それに対して私は『女房がパートで働いていたし、貯金もあった』と。そういったと思います。それは本当の話です。しかし、それだけじゃなかった。岡さんに隠していました……」

実は、この話を鈴木自身の口から聞くことを私は待っていたのだ。

平成10年暮れに私は、鈴木から横浜商科大学野球部監督の佐々木正雄を紹介された。３人で忘年会をした。佐々木は、日大野球部出身の鈴木の先輩だったが、大学４年に進級する春に退部。そのため長い間、日大野球部出身の正式なＯＢとは認められなかった。そんな佐々木をＯＢの一員として認めて欲しいと、ＯＢ会に直訴。認めさせたのが、後輩の鈴木だった。

その佐々木が、トイレに鈴木が立った際に、私にいった。

スーさんは、男の中の男です。日藤の監督になった当時は、徹夜でアルバイトをしていた。日藤からもらう月給だけでは生活が苦しかったと思う。そのことを私は、知っていたんですが、スーさんは、絶対に自分の苦労を口にしなかった。岡さんは、スーさんがアルバイトをしていたことを知っていましたか……と。

佐々木から話を聞かされた私は、後ろから思いきり脳天をぶん殴られたような衝撃を受けた。自分の浅はかな取材を恥じた。そして、同時にあらためて鈴木という人間に惚れた……。

鈴木は、ビールを一気に呑んだ。つづけた。

「……岡さん、10年以上も前ですが、女房のパート代を入れても30万円そこそこです。親子４人が生活する家計としては、やっぱり、きつかった。だから、毎日、深夜の12時から朝方の５時まででしたね。神奈川県大和市の全農連の市場で仕分けのアルバイトをやった。時給８００円でしたね。ところが、岡さん、私の性格は、知っての通り真面目でしょう。もう一生懸命に働いていたら、見てる人はちゃんと見てるんです。3か月後には時給1200円の5割アップにしてくれました。5時間働いて6000円。一晩で6000円は大きいですよ。

もちろん、日藤野球部監督の身分は隠してのバイトだったんですが、バレそうになったことは何度もありましたねえ。夜中に腹が減ってね。全農連の前に屋台のラーメン屋がやってくる。何度か食べているうちに屋台のオヤジがいうんですね。『どっかで見たことある顔だなあ』って。『どっかの高校野球の監督に似てるなあ』なんてね。そういわれるたびに、知らんぷりしていたら、そのうちにいうんですよ。『オレの友だちに横浜商科大の監督をしている佐々木っていう男がいてよ。昔のあいつは、かなりのワルだったよ』なんて……。もう笑いたくとも、ぐっと抑えていましたよ……」

私は、黙って聞いていた。あらためて私の心の琴線に触れた。頬に涙が伝った。隣のカメラマン佐々木も、斜《はす》前に座わる五十嵐も同じだった。鈴木も目をうるませている。つづけた。

「……そういえば、同じ全農連のバイト先に東海大相模高の野球部の選手もきていてね。とうとうそいつにバレた。そいつが、私の顔をじろじろ見ていうんです。『日藤の鈴木監督だ』ってね。当然、『違う。間違いだ』といって否定した。でも、そいつがいうのよ。『いや、鈴木監督ですよ。きょう、ウチと試合をやったじゃないですか?』って。しょうがないから『絶対に他の連中にしゃべんなよ』って、口止めしてね。『おまえ、なんでこんなところでバイトしてんだ？』って聞いた。そしたら、『レギュラーになれねえから、頭にきてバイトやってんだ』なんていってた。だから、私は『よーし、じゃあ、オレが監督の村中（秀人、現東海大甲府監督）をこらしめてやるからな』って。そういったら笑っていたよね。

結局、2年ほど全農連で深夜のバイトをやった。最後はみんなに身元がバレてしまった。平成元年夏、例の〝奇策〟を横浜高戦でやりましたよね。あれでバレたんです。全農連の職員たちが、テレビで観ていたんですよ。それを契機にバイトを辞めることにした。日藤も昇給してくれましたから……。

岡さん、私は、バイトをしながら痛感しました。オレは、自分自身を丸出しにすれば、なんでもできるんじゃないかって。オレは〝地〟で勝負すべきだってね……」

私たちは、店仕舞いするまで呑んだ。

その夜の別れ際、鈴木は、私にいってきた。

「岡さん、岡さんに話をしましたが、私が野球でお世話になった恩人の中には、亡くなった方もいます。小山二中時代の石川敏先生、日大時代の河内忠吾監督に香椎瑞穂監督、日藤時代の野球部後援会長だったエバラ製作所営業部長の鈴木昭さん……。それに青森時代に私の野球を全面的に支持してくれた高橋幸夫さんも、いまはこの世にいません……。

でも、岡さん、みんな今回の受賞を喜んでくれています。きょうの朝、合宿所でね。監督室の神棚に両手を合わせました……」

そういう鈴木に私は、深く頭を下げた。私も鈴木と同じ思いだった。


いまでも私は覚えている。

昭和58年の6月。ルポライターの私は、初めて単行本『江川になれなかった男たち』を上梓した。三一書房が出版元であり、担当編集者が杉山誠一さんだった。

その杉山さんと打ち合わせをしているときだ。私よりも野球に詳しい杉山さんがいってきた。

「岡さん、青森県の高校野球を取材してみてはどうですか？　面白いですよ。あの太田幸司以来、青森県は甲子園で一度も勝っていない。負けるたびに青森は、雪国だから、なんていい逃れをしている。青森出身の私としては、情けない限りです。岡さん、取材してくださいよ……」

杉山さんは、とうとうと青森県の高校野球について語ってくれた。

数日後、私は、杉山さんの話を光文社の月刊「宝石」副編集長の神戸明さんに伝えた。神戸さんは、即座に取材することを許可した。

「タイトルは『甲子園ゼロ勝地帯を行く』にしましょう。締め切り日は、7月15日前後。8月5日発売の9月号でやりましょう」

そう神戸さんは、私にいってくれた。

ルポライターの私にとって、杉山さんと神戸さんのふたりは、恩人というべき編集者だった。これまで私は『江川になれなかった男たち』を始め『天覧試合仕掛人・長嶋茂雄をつくった男』『神様ジーコの遺言』などを出版しているが、すべて杉山さんと神戸さんの力を借りてのものだった。まずは、神戸さんが「宝石」での発表を許してくれる。それを杉山さんが根気強く単行本にまとめる。杉山さんと神戸さんは、いつも編集者の眼で私を見ていた。

いうまでもなく、昭和58年夏。当時、青森商業野球部監督だった鈴木さんを、私に巡り会わせてくれたのも、杉山さんと神戸さんだった。

私が、鈴木博識さんの野球人生、その指導法と野球観を何がなんでも書かなければならない、と自分自身に強くいい聞かせたのは、丸2年前の6月。平成10年6月だった。

当時、日大野球部監督に就任して3年目を迎えていた鈴木さんは、初めて東都大学野球1部リーグ戦で采配を振っていた。私は、たびたび神宮球場や日大グラウンドに足を運んでいた。6月、リーグ戦が終了して間もなくだった。私は、鈴木さんを前に宣言した。10月末日締め切りの第3回報知ドキュメント大賞に鈴木さんについて書きます。応募します。絶対に大賞を獲ります、と。

鈴木さんは、黙って頷いた。全面的に取材に協力してくれるといってくれた。

私は、第3回報知ドキュメント大賞を掌中にし、さらに一冊の本にまとめたかった。恩人の杉山さんと神戸さんに捧げたかった。平成9年6月に神戸さん、そして、1年後の平成10年6月には杉山さんが……突然、私の前から去っていった。亡くなられてしまったからだ……。

本書は、第3回報知ドキュメント大賞に応募した作品「『鈴木野球』―野球に憑かれた男」（報知新聞平成11年2月2日から5回にわたって連載）に、さらなる取材で大幅に加筆訂正し、書き下ろしたものだ。

本書が一冊の本になるには鈴木さんは当然のごとく、日大野球部関係者や東都大学野球連盟事務局長の白鳥正志さんの全面的な協力を得ることができた。そして、出版にあたっては報知新聞編集局次長・玉木雅治さん、出版局次長・辻尚さん、出版部長・今村成一さん、石川清一さんのお世話になることができた。また、文中の写真を撮影してくれたフリーカメラマンの佐々木強さんにも感謝したい。最後になりましたが、私のぶっきらぼうな取材にもかかわらず、取材に快く応じてくださった多くの人に感謝するとともに、敬称を略させていただいた失礼をお詫びしたい。ありがとうございました。

球春到来の平成12年3月末

岡　邦行

（著者紹介）

岡邦行（おか・くにゆき）

1949年、福島県原町市（現南相馬市）生まれ。72年、法政大学卒業。大学在学中から取材記者として活動し、出版社勤務を経て、フリーのルポライターに。主な著書に「江川になれなかった男たち」、「長嶋茂雄をつくった男」、「神様ジーコの遺言」(いずれも三一書房)、「素晴らしき野球小僧」(ぶんか社)。

野球に憑かれた男　〈検印省略〉

2000年4月30日　初版発行
2007年3月15日　第二刷発行
著　者　岡邦行
発行人　仁平洋
発行所　報知新聞社
〒108-8485　東京都港区港南4-6-49
電話　(03)5479-1285
印刷所　大日本印刷株式会社

ISBN978-4-8319-0134-7